Rachel Lamy

Addicte à l'espoir

MON TOUR DU MONDE DE LA NON-VIOLENCE

SALVATOR

© Éditions Salvator, Paris, 2022
Yves Briend Éditeur S.A.
103, rue Notre-Dame-des-Champs F-75006 Paris
contact@editions-salvator.com
www.editions-salvator.com

Maquette intérieure : Atlant'Communication
Couverture : Isabelle de Senilhes
Photo de couverture : Arnaud Finistre

ISBN : 978-2-7067-2201-1

Tous droits réservés pour tous pays

ADDICTE À L'ESPOIR

*À ma famille, à mes amis, à Dédé,
à Gaby, Roberto, Lula Rocha,
à frère Jean-Pierre Schumacher, Pierre Rabhi,
Jean-Marie Muller et Desmond Tutu*

« La violence nous incite à détruire des ponts et à construire des murs. La non-violence nous invite à déconstruire les murs et à construire des ponts. »

Jean-Marie Muller, *Entrer dans l'âge de la non-violence*

Avant-propos

Une promesse intérieure

Été 2001. Sous une nuit étoilée, je m'approche à pas feutrés. Je devine sa silhouette. Il est là. Sa toux rauque m'a réveillée.

Depuis son arrivée, je préfère me tenir à distance. L'air grave, caché derrière le nuage de sa pipe, il reste d'ailleurs souvent à l'écart du groupe. Vagabond aux habits trop larges et à la barbe mal rasée, il m'effraie. J'ai 15 ans. Je suis venue en tant qu'animatrice vivre mon premier séjour auprès d'adultes porteurs de handicap. Nous avons planté les tentes dans un petit coin de paradis. Au fil des jours, nous nous baladons au pas des ânes, autour de lacs émeraude. « Les ânes sont de véritables médiateurs ! » aime rappeler Lulu, l'ami qui m'a proposé de venir ici.

Lulu est prêtre. Avec ses grandes moustaches blanches et ses sandales aux pieds, il coorganise ces camps de vacances. Il est très vigilant à ce que chacun trouve sa place et aime observer comment les liens se créent. « Qu'il est important d'être "témoin-artisan" ! » me répète-t-il souvent. Quand André, ce sans domicile fixe, est arrivé par hasard un soir, Lulu l'a accueilli avec joie : « Dédé, que c'est beau de te voir ici ! Si tu n'étais pas venu, il aurait manqué quelqu'un ! » Lulu aime nous dire cela. André nous a rejoints au repas et a décidé de rester. Il est là, même s'il vit beaucoup la nuit et dort le jour.

Cette nuit, inquiète de ses quintes de toux, je quitte mon duvet pour lui demander s'il a besoin d'aide. Il est assis près du feu. Il me regarde arriver, surpris. C'est à ce moment-là que je découvre ses grands yeux. Des yeux d'un bleu profond. Je m'assois à ses côtés. Son visage, soudain éclairé par les flammes, semble si doux… Ces dernières crépitent et dansent dans l'obscurité. Elles m'enveloppent délicatement d'une agréable chaleur.

Nous échangeons quelques mots. André me confie son regard sur le monde. Errer sur les chemins est pour lui un choix de vie. Inspiré par saint Benoît Labre, il veut vivre en harmonie avec la nature. Il aime particulièrement marcher en forêt, dans le calme de la nuit.

— Mais tu n'as pas peur ?
— Peur de quoi ? Je fais partie de la nature.

Au fil de notre conversation, je découvre un homme animé d'une profonde spiritualité. Ce soir-là, je rencontre Dédé. En allant me recoucher, je sens mon cœur tambouriner. Je prends conscience que si j'étais restée figée dans ma peur et sur mes *a priori*, je serais passée à côté d'un homme plein de sagesse. Je me fais alors la promesse intérieure de toujours essayer d'aller à la rencontre de celui ou celle envers qui j'aurais un préjugé. Elle est devenue un guide pour ma vie.

De fil en aiguille, d'année en année, me rappeler cet engagement m'a ouvert des portes insoupçonnées. Dans le cadre de mes études d'éducatrice spécialisée, j'ai eu l'opportunité d'effectuer un stage au Brésil, dans une maison d'accueil d'urgence, notamment pour des jeunes menacés de mort dans les trafics de drogue. J'appréhendais d'être vulnérable face à des jeunes endurcis par la vie. En pensant à Dédé, et en décidant de faire confiance à l'équipe qui m'encadrait, j'ai accepté. Cette expérience reste pour moi inoubliable. Quelques années plus tard, des amis m'ont proposé de partir, dans le cadre d'une association, dans le Haut Atlas marocain. En regardant des vidéos de cette région, beaucoup de craintes m'ont submergée. Après discernement, j'ai choisi de renouveler ma confiance. Les ouvriers avec qui nous avons réalisé un chantier éco-volontaire sont devenus pour moi comme des tontons marocains.

Grâce à cette promesse, puis aux multiples expériences positives qui en découlaient, j'ai osé. J'ai osé encore davantage, osé plus de voyages. Sénégal, Haïti, Cameroun, Philippines, Algérie, Malaisie… Plus j'osais, plus je gagnais en confiance. Je découvrais de nouvelles cultures, de nouvelles manières de voir le monde, de nouvelles religions.

J'ai vu des regards profonds qui me souriaient, j'ai été émue par des cœurs qui se confiaient, j'ai senti des mains qui me soutenaient. Quelque chose en moi se révélait. J'ai souvent entendu les risques de partir seule à l'étranger. Pour ma part, je découvrais que partout où j'allais, des inconnus étaient là pour me guider, m'accueillir, me conseiller. Ils me prenaient sous leurs ailes pour que je puisse m'envoler.

De retour de mes voyages, je sentais un fossé se creuser entre deux images de l'étranger, celle rapportée par certains médias et celle qui s'était gravée en moi sur les chemins du monde. Au fil des années, impuissante, je sentais aussi les extrémismes gronder puis frapper. J'entendais les discours de haine se banaliser. Cela me révoltait. La violence m'effrayait. J'ai beaucoup partagé mes craintes avec Lulu, très éprouvé par la guerre d'Algérie. Avec son ami Jean-Marie Muller[1], ils sont devenus objecteurs de conscience. Ils ont renvoyé leur livret militaire pour assumer leurs idées et montrer leur refus de la guerre. Avec eux et tant d'autres amis, je me suis ouverte à la non-violence.

Je me suis alors interrogée sur la manière dont je pouvais agir de mon côté : s'agissait-il de créer des espaces de rencontres interculturelles et interreligieuses, de proposer des formations, d'œuvrer pour la prévention ou la reconstruction après des conflits ? Avant cela, j'avais besoin de comprendre en allant moi-même à la rencontre de ceux qui avaient connu la violence, à travers des guerres, des génocides, des conflits armés. Je voulais leur demander comment ils avaient choisi de passer à

---

1. Jean-Marie Muller était un philosophe précurseur en France, spécialiste de Gandhi et de la non-violence. Il est décédé le 18 décembre 2021.

l'action pour ouvrir un dialogue et créer des ponts. Quels fruits avaient-ils récoltés ? Comment réussissaient-ils à se relever ? Quelle place pouvait avoir le pardon dans leurs vies ? Comment parvenaient-ils à créer des programmes de réconciliation ?

Après plusieurs années de réflexion, le projet de faire un tour du monde à la rencontre de ceux que j'appelle « les jardiniers de la paix » est né. Mes peurs ont tout de suite tenté de m'en dissuader. Mais quelque chose en moi insistait. Une petite voix intérieure me poussait à oser. Oser, encore oser. Pour ne pas rester impuissante face à ce qui se détruit, mais partir, me nourrir de ce qui réussit dans le monde. Cette idée me semblait folle. Mais une grande partie de mes expériences étaient nées d'un rêve. J'ai pris ma mappemonde, j'ai pointé les pays qui m'inspiraient.

J'ai parlé autour de moi de mon projet, contacté de nombreuses associations, demandé conseil. En un an, j'ai dressé une liste de « personnes-ressources » pour chaque pays : fondateurs d'organisations, civils, responsables interreligieux ou politiques. Après les avoir contactées, je pouvais me lancer. Je suis partie en juillet 2018, pour plus d'un an.

Ce livre n'a pas pour vocation de proposer une étude historique, sociologique, anthropologique ou géopolitique. L'ordre chronologique des pays visités ou événements vécus a parfois été modifié. Les personnes qui témoignent ont choisi de garder leur nom ou ont préféré l'anonymat. J'essaie de partager dans ce livre ce que j'ai vu, entendu, médité. Ces récits de vie m'ont aussi invitée à témoigner.

Prologue

Un grand pont

Ils sont tous là, sur ce grand pont. Tous réunis pour une grande fête.

Il y a des lumières, des fanions et des lampions.

Ils sont heureux et rient ensemble.

Tous ces hommes et toutes ces femmes, tous ces enfants et ces anciens.

Tous ceux que j'ai rencontrés et écoutés pendant mon voyage, ils sont là.

Les petits ponts qu'ils ont créés, ils les ont rassemblés pour n'en faire qu'un.

Ce grand pont, solide et fort. Dressé et bien ancré.

Je les regarde, pensive, avec un léger sourire et des questions.

Saurais-je parler d'eux ? De chacun d'eux ? Leurs mots sont des trésors. Saurais-je retranscrire l'humilité et la puissance de ce qu'ils m'ont donné ? Comment les représenter tous et qu'aucun ne soit oublié ? Qu'ils ne fassent qu'une voix ?

Je les regarde, heureuse et ébranlée. Tellement bouleversée par ce grand voyage. Transformée. Je me sens comme une navigatrice qui rentre au port. Comme si je devais leur dire au revoir, pour une deuxième fois. Pourquoi les quitter ? Parce que tout ce que j'ai reçu d'eux, maintenant, je vais le donner… Je leur promets qu'ils resteront toujours en moi. Je ressens à la fois de la joie, de la tristesse et une profonde gratitude.

L'envie soudaine et débordante de leur dire : « merci ».

Amis, merci de m'avoir ouvert votre cœur, merci de m'avoir aidée à découvrir le mien.

Vous avez augmenté ma soif de vie tout en gonflant ma source.

Vous m'avez plongée par vos récits dans les ténèbres de l'existence, puis vous m'avez montré toute sa puissance et sa grandeur.

Vous êtes comme des phares dans la nuit, des étoiles dans le ciel. Vous nous montrez que tout est possible au moment où tout semble désespéré.

Vous nous ouvrez le mur qui devant nous était dressé.

Grâce à vous, le mot « humanité » prend tout son sens. Vous êtes les sages, anonymes mais essentiels, de notre monde. Vous êtes ces « jardiniers de la paix » : patients, humbles et toujours confiants. Avec élan et espoir, vous semez et agissez.

À tous ceux qui m'ont soutenue sur mon chemin,

Qui ont mis leur espérance dans l'audace de la non-violence,

Qui ont ouvert leur cœur pour favoriser, donner ou recevoir le pardon,

Qui témoignent qu'il est possible, après un traumatisme, de se relever,

À tous ceux qui sont convaincus que la violence, la guerre ou la domination, pour leur survie, est la seule solution,

À ceux qui, victimes de la violence, sont morts et auraient aimé vivre encore,

À ceux qui ont peur et avancent avec labeur,

Qui sont découragés, révoltés, humiliés,

Qui ne croient plus en l'humanité,

À tous ceux qui gardent la porte de leur cœur fermée, qui n'attend que d'être poussée,

À vous tous, je dédie ce livre.

PARTIE 1

AU CŒUR DES CONFLITS, L'AUDACE DE LA RENCONTRE

Bosnie, Serbie, Liban, Israël, Palestine

Bosnie, Serbie

L'arrivée de la guerre

Juillet 2018. Aujourd'hui, c'est mon pré-départ, direction la Bosnie et la Serbie pour dix jours, avec un groupe que j'ai rencontré un mois plus tôt. En cherchant à construire mon réseau pour ce tour du monde, j'ai découvert que le Comité catholique contre la faim et pour le développement (CCFD) organisait un séjour pour rencontrer des associations qui œuvrent pour la reconstruction et la réconciliation après la guerre. Tout cela tombait à point nommé. Le début de mon voyage était prévu au mois d'août, et les Balkans n'étaient pas inclus dans ma trajectoire initiale. Le groupe, qui avait déjà tout programmé, a accepté de m'intégrer dans cette grande aventure.

Ce matin, je retrouve donc cette équipe de douze jeunes adultes, de 18 à 35 ans. Deux minibus ont été loués pour l'occasion. Nous quittons Besançon. Certains semblent stressés, d'autres très enjoués. Assise au fond du véhicule, au milieu des rires et des premières chansons, je songe. En moi, tout se bouscule avec beaucoup d'intensité, les émotions s'entremêlent. Les derniers mois et les dernières semaines ont été denses. J'ai commencé à dire au revoir à quelques amis. Je sais que mon retour en France sera express et cette première étape symbolise déjà le fait de tout quitter.

Ce chemin qui s'ouvre sur des centaines de kilomètres va me donner le temps d'accueillir tout cela et de me reposer. Je m'endors. À mon réveil, Mathieu, qui organise ce voyage avec Anne-Cécile, nous interpelle : « Qui a un jeu à proposer ? »

Somnolente, je réponds: «J'ai un jeu intitulé "On veut du vrai"!» L'énergie du groupe ne me laisse pas longtemps endormie. Je leur explique qu'à partir de cartes tirées au hasard, nous devons répondre à des questions assez personnelles pour parler de nous, de notre regard sur la vie et d'autres sujets de société. «Le tout est de parler avec le plus de transparence possible, afin de faire davantage connaissance! Bien sûr, nous sommes libres de répondre.» Tous acceptent avec joie. S'ensuivront de longues heures d'échange, de profondeur et de fous rires, qui me permettront de découvrir un peu plus chacun, dans sa beauté et son originalité...

Nous passons une première frontière. En Suisse, nous longeons le lac Léman, de Genève à Lausanne. Il scintille paisiblement. Nous sillonnons les Alpes et devenons comme des fourmis sur ces routes sinueuses. Nous empruntons maintenant les voies rapides mais étroites d'Italie. Zones industrielles et magnifiques paysages se succèdent. Je me prends à rêver de Rome, de Venise et de la Toscane. Après des heures de voyage et une courte nuit à la frontière italienne, nous repartons à l'aube. Défilent sous nos yeux fascinés, tel un livre touristique grandeur nature, les trésors cachés de collines, de petits villages perdus et de montagnes verdoyantes. Nous traversons la Slovénie avant d'arriver en Bosnie. Pour fêter cela, nous nous arrêtons dans un petit restaurant. Nous sommes accueillis par une tournée de rakija, ce «chaleureux» alcool traditionnel, avant d'unir nos voix à celle d'Edith Piaf, qui finit de nous étourdir. Repus, nous repartons pour atteindre notre ultime étape: à la nuit tombante, nous arrivons à Sarajevo. Les ruelles pour rejoindre notre auberge de jeunesse sont tortueuses. Discrète au milieu des demeures, nous franchissons la porte étroite qui nous ouvre à un espace immense. Une musique pop nous plonge immédiatement dans l'ambiance. Après avoir pris connaissance des lieux, je me glisse sur la terrasse qui domine la ville. Je m'interroge sur ce que je vais découvrir ici.

Après une nuit réparatrice, nous nous préparons pour notre première visite. Elle a lieu dans les montagnes qui dominent Sarajevo, à Donje Biosko. Nous rencontrons là-bas l'association Alterural, qui tente de développer un tourisme solidaire, afin que les paysans des environs puissent vivre dignement. Spécialités locales et sirops comblent nos papilles. Nous partons en balade. Le temps est humide. Toutes les odeurs de la nature exhalent un bouquet olfactif superbe. Un vrai bol d'air pur. Nous rencontrons Sejad Smajlovic, un homme d'une quarantaine d'années.

Devant un panorama à couper le souffle, ce dernier nous donne quelques explications sur les Balkans et sur la ville de Sarajevo qui se déploie devant nos yeux. Après avoir été ballottée durant des siècles par différents empires (romain, byzantin, ottoman, austro-hongrois), une grande partie des Balkans a constitué la Yougoslavie, fondée et dirigée par Tito jusqu'à sa mort en 1980. Les forces nationalistes montent en puissance pendant les années 1980 et, sous leur influence, la Yougoslavie éclate dans les années 1990. La Slovénie, la Croatie, la Bosnie-Herzégovine et la Macédoine déclarent leur indépendance, au grand dam de la Serbie, qui aspirait à fonder « la Grande Serbie ». Des guerres en série éclatent sur ces territoires de 1991 à 1999, accompagnées dans certains cas de nettoyages ethniques. En Bosnie-Herzégovine, la guerre oppose des forces serbes, croates et bosniaques, et les populations sont forcées à se regrouper selon leur identité ethno-religieuse. Nous apprenons que les « Bosniens » sont l'ensemble des habitants de la Bosnie, tandis que les « Bosniaques » représentent la communauté musulmane de ce pays.

Alors que nous poursuivons la balade, Sejad tente de répondre au mieux à nos questions pour nous aider à comprendre le contexte géopolitique au moment où la guerre a éclaté. Il évoque alors avec amertume les paroles échangées entre son oncle et son papa, avant que le conflit ne commence officiellement : « Quand la guerre grondait, mon oncle a fortement encouragé mon père à fuir vers la France avec les visas que nous possédions. Ce dernier, surpris, lui a répondu : "Que la situation dégénère dans des villages reculés, pourquoi pas. Mais jamais cela n'arrivera à Sarajevo ! Chrétiens, orthodoxes et musulmans vivent ensemble depuis tellement longtemps ! Tu vois bien qu'il y a beaucoup de mariages mixtes ici ! Jamais nous ne serons séparés !" Il a décidé de rester. » Peu de temps après, la guerre a éclaté : son papa et ses oncles ont dû partir sur le front. Plusieurs d'entre eux ont été tués.

En écoutant Sejad, je suis au cœur de mon questionnement. Il insiste sur le vivre-ensemble qui existait auparavant entre ces communautés. Il raconte des souvenirs où, enfant, avec ses copains, ils participaient aux fêtes religieuses propres à chacun. « C'était naturel d'aller chez les uns et les autres ! Nous étions très heureux et très bien accueillis. C'était merveilleux ! Il n'y avait jamais de soucis ! »

Le papa de Sejad ne pensait pas que la guerre pouvait éclater. Ce constat m'interroge : comment le conflit parvient-il à s'immiscer si rapidement entre des familles ayant de fortes amitiés, jusqu'à ce qu'ils en viennent à s'entretuer ? Comment se fait-il qu'un peuple si uni se laisse influencer par une propagande ou une idéologie ? Comment repérer les signes avant-coureurs de la guerre ? Comment éviter de tomber dans le déni, ou inversement, dans l'angoisse extrême, le fatalisme, face à des tensions exacerbées ? Qu'est-ce qui fait que tout peut basculer ? Je pense à ce schéma élaboré par Alain Chouraqui et son équipe, au camp des Milles[1] : « Du racisme au génocide[2] ». Lors d'une crise

---

1. Le camp des Milles était un camp d'internement et de déportation français. L'espace s'est transformé en un lieu de commémoration européen. L'objectif consiste à rendre hommage aux personnes disparues et à travailler à la prévention, en enseignant la fraternité et le respect de l'autre, afin de refuser l'engrenage des discriminations, de l'antisémitisme, du racisme et de la xénophobie.
2. Cf. www.campdesmilles.org.

sociétale, ils repèrent les indicateurs qui alertent du danger de l'engrenage pouvant aboutir à une extermination de masse, et donnent des pistes pour y résister.

La difficile reconstruction

Le soir, pour nous détendre, nous partons avec quelques personnes du groupe découvrir la vie nocturne de Sarajevo. Un jeune, croisé dans la rue, nous indique un endroit agréable où aller. En poussant la porte, je crois entrer au plein cœur d'un film des années 1970. Il ressemble à une vieille salle de cinéma enfumée. Cette ancienne salle de cinéma enfumée est pleine à craquer de la jeunesse bosnienne qui parle fort et rit au rythme d'un orchestre entraînant. De vieilles affiches de films collées au mur dévoilent les sourires étincelants des vedettes du passé. Les musiciens annoncent quelques notes et entraînent aussitôt toute la foule qui lève son verre et chante à gorge déployée. Les chansons populaires s'enchaînent. Nous commandons une boisson. Des jeunes nous invitent à les rejoindre. Nous commençons à discuter, leur expliquant la raison de notre voyage. Certains rient, d'autres baissent les yeux, d'autres encore nous écoutent intrigués. L'un d'entre eux nous dit : « Ici, les blessures ne sont pas cicatrisées. Rien n'est fait pour nous aider. Moi, dès que je peux, je me tire d'ici ! Il n'y a aucun avenir dans ce pays... Demandez autour de vous ! Nous sommes malheureusement très nombreux à penser ainsi ! » Malgré l'apparence joyeuse de la fête, je découvre une jeunesse écorchée.

Le lendemain, sous un ciel nuageux, nous nous rendons à pied au cœur de Sarajevo. Dans une ruelle pavée, un artisan graveur sculpte de somptueux plateaux. Sur une place du centre-ville, un vieillard nous adresse un magnifique sourire en jouant de l'accordéon. Des odeurs de café grillé nous enivrent. Nous regardons les commerces qui exposent photophores, cafetières traditionnelles ou services à thé. Un magasin propose des porte-clés en forme de cartouche de fusil, à côté de pièces de monnaie à l'effigie de la colombe de la paix. Nous nous faufilons dans les rues piétonnes au milieu des touristes et des habitants. Des danseurs de hip-hop offrent un spectacle d'une incroyable agilité. Plus loin, des hommes font une partie d'échecs avec des pièces géantes sur des dalles colorées. Le muezzin et le son des cloches s'entremêlent pour l'appel à la prière. Églises catholiques, orthodoxes et mosquées se succèdent au fil du chemin. « Sarajevo, c'est le petit Jérusalem ! » nous avait-on précisé à l'auberge. Au sol, cette phrase : « Sarajevo, le carrefour des cultures. » Tout nous indique que nous sommes à la croisée des chemins entre l'Orient et l'Occident. Je repense à Sejad, la veille, qui nous contait le « Sarajevo du monde d'avant ». Et maintenant, qu'en est-il ?

Mathieu cherche la bonne adresse. La voilà. Dans les escaliers d'un immeuble, une exposition de dessins d'enfants égaie des murs abîmés. Almina, derrière la frange de ses cheveux, et Ibrahim, jeune homme blond aux yeux bleus, nous accueillent. Tous deux ont une vingtaine d'années. Ils font partie de l'ONG Youth Initiative for Human Rights (YIHR). Cette association est basée en Bosnie-Herzégovine, en Serbie, au Kosovo, au Monténégro et en Croatie. Son objectif est de permettre la rencontre de jeunes musulmans, catholiques et orthodoxes afin qu'ils puissent construire ensemble une histoire commune de leurs pays. Leurs communautés restent très scindées depuis la guerre qui les a déchirées, et chacune revendique sa propre langue, alors que la langue serbo-croate les réunissait. C'est ainsi que nous pouvons voir des paquets de cigarettes avec trois traductions identiques ou des films serbes sous-titrés en croate. Almina ajoute d'un rire cynique qu'un budget considérable est sacrifié pour payer des traducteurs en anglais à des hommes politiques en mal de communication.

Les communautés vivent isolées les unes des autres. Chacune a souvent son journal, sa radio, ses écoles avec ses propres livres d'histoire qui défendent leur point de vue… Nous apprenons que certaines écoles sont divisées en deux parties par un mur, pour accueillir les enfants selon leurs appartenances culturelles et religieuses. Tout est fait pour qu'ils ne puissent pas se rencontrer. Ibrahim nous donne une note d'espoir en nous racontant comment cela évolue dans certains établissements : « Dans une école, les enfants ont fait des pétitions pour demander à être rassemblés. Après de longues batailles, le mur qui les séparait a été démoli. Ils ont pu se rencontrer ! »

Almina poursuit : « De notre côté, avec YIHR, nous avons décidé de proposer des séjours itinérants d'une semaine à des jeunes bosniens, entre 18 et 25 ans. Comme ils n'ont souvent entendu qu'une seule version de la guerre, nous leur proposons d'aller sur des lieux forts et symboliques du conflit, en écoutant des témoignages variés de victimes. Le but est de pouvoir ensuite échanger ensemble sur ce qu'ils entendent. Nous sommes tous issus de cette guerre et chacun de nous en souffre aussi. » Ibrahim ajoute : « Dans quelques jours, nous vous emmènerons à Goradje et à Visegrade rencontrer un groupe qui effectue actuellement un séjour. Vous verrez tout cela de vous-mêmes ! » Almina nous confie : « Un jour, un jeune orthodoxe a éclaté en sanglots face à d'autres jeunes musulmans en leur livrant : "Je ne connaissais pas l'existence du génocide de Srebrenica. Pardon, j'ignorais ce que votre communauté a subi !" » Il venait d'apprendre que plus de huit mille civils bosniaques avaient été massacrés le 11 juillet 1995, dans une ville déclarée « zone de sécurité » par l'ONU[1]. Durant ce séjour, ce jeune découvrait que des fosses communes avaient parfois été déplacées pour cacher le massacre de masse à une partie de la population.

---

1. Voir le film *La voix d'Aïda*, réalisé par Jasmila Žbanić, sorti le 22 septembre 2021.

J'avoue avoir moi-même découvert ce crime, qualifié de génocide par le Tribunal pénal international pour l'ex-Yougoslavie et la Cour internationale de justice, en préparant ce séjour. Il a eu lieu à quelque mille cinq cents kilomètres de chez moi, et je ne me rappelle pas l'avoir étudié au cours de mes études. Nous avons tellement à apprendre de l'histoire du monde et à nous informer ! En écoutant Almina et Ibrahim, je trouve qu'initier de telles rencontres est audacieux. Victimes de l'histoire de leur pays, ils font le choix d'en devenir les acteurs.

Ibrahim nous propose de marcher avec lui dans Sarajevo. Il nous emmène là où les traces de la guerre sont encore visibles : sur des immeubles, des impacts de balles ; au sol, des marques d'obus. Ils ont été peints en rouge, pour ne pas oublier.

À notre retour, nous reprenons la conversation avec Almina. Elle nous explique la complexité d'œuvrer dans un pays où la volonté politique n'est pas de travailler à la réconciliation. « En Bosnie, nous avons jusqu'à présent trois présidents, quatorze constitutions, cent quarante-deux ministères, le même parti politique depuis 1992 ! Pour ma part, je suis fatiguée de toujours parler de la guerre. J'ai 25 ans et j'aspire à vivre autre chose maintenant… Je veux me tourner vers la vie ! » Son visage est marqué. Ses yeux sont fatigués, mais brille à la fois en eux cette petite étincelle qui aspire à plus de légèreté.

Almina est plus jeune que moi et porte déjà en elle une si lourde réalité. Elle n'avait pas 2 ans à la fin de la guerre, et pourtant, cette dernière marque toute sa vie. Certaines études scientifiques, confortées par des témoignages, dévoilent que les enfants nés pendant ou à l'issue d'un conflit armé portent parfois eux-mêmes le traumatisme vécu par leurs proches. Ils n'ont pas connu ce drame dans leur chair mais toutes leurs cellules en sont imprégnées. Avec Almina, je prends davantage conscience que la guerre n'est pas seulement un événement que l'on ouvre par une déclaration et que l'on clôt par un armistice. Il y a un avant, un pendant et un après. Un après si lourd à reconstruire, si long à établir. Ici, nous pouvons percevoir que les plaies, plus de vingt ans après, sont loin d'être cicatrisées. Combien de générations encore seront ainsi sacrifiées ?

Après quelques jours à Sarajevo, nous poursuivons notre route vers Stolac. La route en pleine nature est splendide. Nous nous arrêtons dans un coin féerique pour pique-niquer. Après une baignade revigorante dans la rivière glacée, nous partons rencontrer Džemal Tucaković. L'homme au regard tranquille a fondé un orchestre où toutes les personnes passionnées par la musique pouvaient se retrouver. Quand la guerre a éclaté, ces musiciens issus de diverses communautés ont tenté de continuer à jouer ensemble, en cachette. Mais face aux risques qu'ils encourraient, ils ont arrêté. À la fin de la guerre, Džemal a tout fait pour reconstituer cet orchestre. Quelques-uns sont revenus. Ils ont été très critiqués. « Les mentalités sont difficiles à changer. Mais la musique est un langage universel avec lequel nous pouvons tous communiquer ! » nous dit Džemal le regard confiant.

Nous poursuivons notre route direction Gorazde et Visegrad, dans la partie serbe de la Bosnie-Herzégovine. Ses affiches prônent de nouvelles figures emblématiques. Nous sentons que le parti pris politique n'est plus le même. La façon de se saluer se modifie également. Nous remplaçons les « *dobar dan* » par des « *zdravo* ». Nous retrouvons l'équipe d'Almina et d'Ibrahim. Un historien communique des éléments historiques à des jeunes qui l'écoutent attentivement, prêts à bousculer leurs représentations. Je sens un profond respect dans le groupe, traduisant un réel hommage aux victimes de cette guerre.

Des ponts entre populations et dans le temps

Quelques jours plus tard, nous passons la frontière. Nous sommes en Serbie et découvrons le même travail de rencontres et de dialogues qui se réalise, avec d'autres mouvements.

À Belgrade, les klaxons et la circulation nous rappellent que nous avons quitté la douceur de la campagne pour la ville agitée.

Nous partons rencontrer Tamara de l'association Grupa 484. Sur le balcon étroit, au siège de leur association, autour d'un café et de petits gâteaux, Tamara nous parle de ce mouvement. Créé initialement en 1995 pour venir en aide à quatre cent quatre-vingt-quatre familles réfugiées serbes pendant la guerre, il s'est aujourd'hui spécialisé sur toutes les questions de migrations forcées, ainsi que sur les tensions communautaires entre populations. Dans le village de Bujanovac par exemple, Serbes et Albanais vivent divisés au sein du même quartier. L'équipe a longuement réfléchi à la manière dont elle pouvait ouvrir un dialogue entre ces populations. Elle a décidé de créer un projet pour rassembler les adolescents de ces deux communautés.

Tamara nous explique : « Nous les avons aidés à découvrir ce qu'ils avaient de commun entre eux, à commencer par des mots de leur vocabulaire ou certaines passions pour des chansons. Au départ, il y avait beaucoup de tensions dues aux préjugés ancrés depuis de longues années. Puis les jeunes ont progressivement lâché leur "bouclier" et ont osé se rencontrer. L'un d'entre eux nous a alors confié : "Les médias, la politique et les guerres passées affectent nos vies et celles des adultes de notre communauté. Nous sommes entourés de préjugés à chaque instant, mais nous devons travailler à instaurer la confiance et sortir de notre zone de confort pour apprendre à nous connaître. Ces ateliers sont le lieu où nous pouvons commencer ces processus." Un jeune a également fait remarquer à la fin d'un cycle de rencontre : "À l'exception de nos réunions, il n'y a aucun endroit où nous pouvons nous rencontrer et passer du temps ensemble. Au cours du projet, nous avons appris à nous respecter mutuellement et à surmonter nos peurs." Ces jeunes sont réceptifs à ce que nous leur proposons ! Ils ont soif d'espaces de la sorte, affirme Tamara.

C'est ainsi que des amitiés sont nées, poursuit-elle. Cela a parfois provoqué de forts conflits au sein de leurs familles ou de leurs communautés, certains risquant même de se faire rejeter par les leurs. Mais en eux, quelque chose se révélait. Ils découvraient qu'ils se ressemblaient. Parfois même, des histoires d'amour sont nées… Nous les avons accompagnés pour ouvrir le dialogue auprès de leurs proches, afin que ces derniers expriment les blessures ou les peurs que cela ravivait en eux. Un chemin s'est ouvert. »

En écoutant Tamara, une image me vient à l'esprit. Avec son équipe, ils créent non seulement des ponts entre les communautés, mais aussi des ponts sur l'échelle du temps, en reliant le passé avec toutes ces blessures, le présent empreint d'animosité et de méfiance, et l'avenir porteur d'espérance et de changements.

À la fin de cette rencontre, comme de toutes celles que nous avons réalisées au cours de notre séjour, nos échanges sont riches au sein de notre groupe. Des liens forts se sont tissés entre nous. Cela me renvoie à mon tour du monde en solitaire. Ai-je raison de partir seule ? Aurais-je toujours une personne de confiance avec qui je pourrai réfléchir et déposer ce que j'aurai de lourd à porter ? Mon cœur se serre. Yohann, membre de notre équipe, me réconforte. Il me propose que nous restions en lien pendant mon voyage et de l'appeler quand j'en aurai besoin.

Notre séjour se termine. Chacun reçoit une enveloppe pleine de messages affectueux. Je vais glisser la mienne dans mes bagages. Le trajet du retour en France me semble interminablement long. Je suis pleine de mélancolie et d'appréhension. Nous revenons à Besançon pour participer au premier Festival de la paix[1]. Durant trois jours, nous partageons ce que nous avons recueilli et célébrons nos nouvelles amitiés. Je rejoins ensuite mes proches pour le mariage de ma sœur et de mon beau-frère. C'est le temps pour moi des dernières fêtes familiales, dernières chansons et derniers au revoir. Au cours d'une chorégraphie réalisée par mes adorables neveux et nièces,

---

1. Organisé par le Mouvement rural de la jeunesse chrétienne (MRJC) en août 2018.

sont énumérés tous les pays que je vais traverser pendant mon voyage. Toute ma famille entonne une chanson sur l'air de : « Mes chers parents, je pars… » Je pleure autant que je ris. Il est temps pour moi de partir, véritablement.

Le grand départ

Ça y est. Je suis dans l'avion. Je crois que je ne réalise pas trop ce que je vais faire. Quand je reviendrai, j'aurai le cœur rempli de nouveaux visages et d'expériences intenses. Je vais découvrir des terres fertiles, surprenantes et abondantes. Je traverserai aussi des déserts, des tornades et des tempêtes. Intérieures et extérieures. Je vivrai des passages où je serai déboussolée, émerveillée, éprouvée et enrichie…

Je ne réalise pas. Je porte tous ceux qui m'ont accompagnée jusque-là dans mon cœur. Je décolle. La pluie tombe, comme mes larmes. Nous traversons les nuages. Tout est sombre et se bouscule. La vue est coupée. Le brouillard et les secousses laissent rejaillir en moi toute l'incertitude de ce grand voyage. L'angoisse vient me questionner me laissant croire un instant que ces turbulences ne vont jamais s'arrêter. Nous continuons de monter. Je m'envole tellement haut…

Soudain, il y a beaucoup de lumière dans les nuages. Quelle lumière… Cela donne un tableau vivant tellement différent! L'ombre et le soleil deviennent les peintres de mon tableau intérieur. Puis voilà le ciel bleu! Tout est gigantesque. Tout s'ouvre. Je ne fais qu'un avec l'immensité. Je regarde par le hublot et je devine la rondeur de notre belle planète. Je suis là et pars découvrir ses richesses. Elle possède tant de trésors à nous faire découvrir. La lumière l'inonde. Elle me fait déjà pressentir qu'à chaque recoin, elle aura des beautés et des secrets à me dévoiler. La confiance est retrouvée.

Liban

Guerres et conflits

L'avion atterrit sur le tarmac de Beyrouth. Les hôtesses d'accueil me saluent avec un grand sourire. Je récupère mon gros bagage, munie de mon petit sac à dos, et je me charge comme un chameau. J'ai eu beau essayer de partir avec le moins d'affaires possible, le poids se fait sentir. Difficile de s'alléger, de se dépouiller. Je me dirige vers la sortie. Les chauffeurs de taxi s'agitent autour de moi pour me convaincre de monter avec eux. Je cherche du regard mon prénom sur une pancarte. La chaîne humaine a déjà commencé et, d'amis en amis, je vais être accueillie en toute confiance par une inconnue qui m'attend.

Rapidement, je la vois, accompagnée d'une jeune fille d'une vingtaine d'années. Je leur fais un signe de la main. «Bonjour, c'est toi Rachel? Moi c'est Amar! Sœur Julianna m'a demandé de venir vous chercher! Je ne peux rien lui refuser!» Elle nous regarde et interpelle sa voisine :

— Vous êtes françaises : vous vous connaissez?

— Non, pas encore! Enchantée!

Je rencontre Marie qui vient pour un stage de quatre mois. Nous allons être hébergées au même endroit. Nous partons en voiture et nous nous engageons dans la ville de Beyrouth. Des drapeaux présentent le cèdre libanais orné de deux bandes rouges. Nous passons au milieu de buildings en construction, qui côtoient des immeubles ternis par le temps. Des lessives sèchent sur les balcons. De grands rideaux flottent au vent devant les baies vitrées pour se protéger de la chaleur harassante.

Je me rappelle, enfant, des images à la télévision de cette ville détruite et bombardée. Cela me paraissait si loin et à la fois si proche. De 1975 à 1990, le Liban a connu une guerre civile, ponctuée d'interventions étrangères, puis de nombreux conflits jusqu'à aujourd'hui : certains avec les pays voisins (la Syrie ou Israël), ou avec des forces armées ou des immigrés (Palestiniens ou Syriens), d'autres entre groupes politico-religieux variés (musulmans, druzes ou chrétiens), d'autres encore au sein de mêmes communautés (par exemple entre sunnites et chiites). Les régions ont été affectées différemment par ces nombreux conflits, selon leur position géographique. Ma représentation du Liban actuel est vague. Difficile d'imaginer la vie d'un pays et sa reconstruction sans le voir de ses propres yeux. Je me demande comment ces divers groupes cohabitent aujourd'hui.

Au fil du chemin défilent des églises, des mosquées, des centres commerciaux, des magasins avec des statues à taille humaine de figures religieuses. En sortant du tunnel sous la vallée de Nahr el-Kalb, nous apercevons Notre-Dame-du-Liban, qui domine la ville. Cela me fait penser au Corcovado brésilien, situé en haut d'une colline, au bord de la mer... Mon esprit le temps d'un instant s'envole vers ce pays que j'aime tant.

Les cris d'Amar me ramènent vite à l'instant présent ! Un chauffard vient de lui faire une queue de poisson. Elle le double à nouveau. « Ils se croient tout permis parce que nous sommes des femmes. Moi je leur prouve le contraire ! » Nous rions. Ce rapport de force continuera sur une grande partie du trajet. Quelle circulation et quelle conduite ! Il faut bien s'accrocher. Les odeurs de béton et de pollution se mêlent à celles de la mer.

Nous quittons les voies rapides qui longent la côte, pour gravir la montagne. Petit à petit, nous surplombons une partie de la ville de Beyrouth. La vue est magnifique. La lumière du soir donne tellement de douceur après l'agitation de la circulation que nous venons de quitter. Nous arrivons au monastère maronite, à Adma. Abbou[1] Jean-Paul et sœur Julianna, tous deux vêtus d'un habit religieux dont la couleur me rappelle le bleu des travailleurs, nous accueillent, avec joie.

Quelques jours plus tard, alors que je m'apprête à commencer mes premiers rendez-vous, je rencontre un couple avec leurs deux enfants. Ils m'interrogent sur la raison de mon séjour. En m'écoutant, le papa secoue la tête, pensif: «Ah, la guerre... Elle est toujours possible...» À travers notre échange, je sens un désir ardent de paix n'ayant jamais pu pleinement s'épanouir, laissant suspendu l'espoir de jours meilleurs. Je sens aussi une tristesse et une crainte que les événements douloureux de l'histoire se reproduisent. Comment est-il possible de vivre avec la menace permanente d'une guerre? Comment, au cœur du conflit, ne pas rester dans la sidération, et agir en créant des ponts? Avec toutes ces questions, je pars me mettre à l'écoute de nouveaux témoins.

De la sidération à la rencontre

J'arrive à l'institut d'études islamo-chrétiennes à l'université Saint-Joseph de Beyrouth, où je rencontre l'enseignante Rita Ayoub. Comme beaucoup de ceux que je rencontrerai, elle me propose que l'on se tutoie. L'histoire de Rita est si riche que la matinée ne suffira pas, et nous déciderons de partager le repas ensemble, avant de poursuivre notre échange l'après-midi.

Elle me raconte: «J'étais enfant quand des druzes et des musulmans nous ont chassés de notre village, nous avertissant qu'ils allaient nous abattre. Alors que nous étions en chemin vers notre funeste destinée, je priais de toutes mes forces pour

---

1. Signifie «frère» en arabe.

ne pas sentir la douleur du couteau, au moment où ils allaient me couper la gorge. Et puis finalement, ils ne nous ont pas éliminés. Nous avons été emmenés très loin du village, puis nous avons rejoint Beyrouth-Est pour être accueillis dans des gymnases d'accueil d'urgence pour les personnes expropriées. Même si je suis indemne, j'ai vécu un réel traumatisme. »

Effroi, dépouillement total, insécurité. Rita par son récit rend plus palpable la réalité de la guerre. Elle poursuit :

— Je croyais que cette guerre était liée uniquement à nos religions. Les druzes et les musulmans étaient nos ennemis. Jusqu'au jour où j'ai découvert que les chrétiens s'entre-tuaient, ainsi que les musulmans, au sein même de leur communauté. Là, j'ai eu le choc de ma vie ! Avant, j'étais convaincue que nous luttions pour nous défendre, mais à la suite de ce constat, je n'ai plus rien compris !

— Alors, qu'as-tu fait ?

— J'ai décidé d'aller rencontrer mes « ennemis ».

— Comment as-tu procédé ?

— Par un drôle de hasard, un ami m'a proposé d'assister à des rencontres islamo-chrétiennes. J'ai hésité, puis j'ai accepté. C'était la première fois que je discutais en profondeur avec des musulmans. Nous nous sommes retrouvés toutes les trois semaines et, progressivement, une confiance s'est créée entre nous. Nous avons alors pu exprimer nos angoisses des uns et des autres, sans craindre de rompre notre relation.

— Que leur as-tu dit ?

— Je leur ai dit que j'avais peur qu'ils islamisent le Liban.

— Et qu'ont-ils répondu ?

— Qu'ils craignaient que nous soyons de connivence avec les sionistes et l'Occident. Qu'ils pensaient que nous voulions les dominer.

Je suis déconcertée. Rita développe : « C'est comme dans les contes. Chaque personne se croit le petit chaperon rouge et pense que l'autre est le loup. Puis, en écoutant l'autre, nous découvrons que nous sommes aussi un loup pour lui. »

Je n'avais jamais pensé utiliser les contes pour comprendre le monde, mais quelle justesse! Elle ajoute:

— En parlant avec eux, je ne pouvais plus penser que nous étions seulement les victimes et eux les bourreaux. Tout n'était pas si scindé. J'ai vu que nous étions tous des êtres humains avec des peurs et des blessures communes. Cela demande du temps pour déposer nos masques de protection, pour regarder l'autre tel qu'il est et l'aider à nous envisager tel que nous sommes, au-delà de nos perceptions. Après un an de rencontres à leurs côtés, cela a été une évidence: il fallait trouver un moyen de créer davantage d'espaces de dialogues et de réconciliation.

— Alors comment as-tu fait ensuite?

— Je suis devenue médiatrice. Dans le cadre d'un programme autour de la paix, pour lequel je travaillais, je me suis rendue dans un village qui avait connu beaucoup de massacres. J'ai rencontré des chrétiens déplacés[1] à Beyrouth et des druzes qui aspiraient à la réconciliation. Un des leaders druzes, qui avait beaucoup de pouvoir dans le village, ne voulait pas entendre parler de ce rapprochement. J'ai émis le souhait de le voir. Tout le monde me mettait en garde, m'avertissant qu'il était fanatique depuis qu'il avait perdu sept membres de sa famille. Je venais en tant que facilitatrice pour arriver à une médiation, mais dans son regard, j'allais être perçue comme une chrétienne. Après plusieurs mois à réfléchir, j'ai décidé d'aller le rencontrer en personne. Je suis arrivée à la porte de son magasin. En me voyant, il a marmonné: «Ne sais-tu pas ce que l'on dit à propos de moi? — Oui, je le sais» ai-je répondu. Sans qu'il me propose de m'asseoir, nous avons commencé à discuter. Cela a duré trois heures, debout face à face. J'ai entendu les souffrances des druzes. Je lui ai transmis celles de chrétiens déplacés de ce village. Je lui ai précisé que je

---

1. Des milliers de personnes ont été poussées à quitter leurs villages par force ou par peur, durant la guerre civile (1975-1990), en raison de leurs appartenances politico-religieuses. Ces gens ont été nommés «les déplacés».

transmettais aussi aux chrétiens les blessures des personnes de sa communauté. Avec le temps, une ouverture s'est faite. Nous nous sommes rencontrés plusieurs fois et j'ai même pu aller à différentes reprises chez lui.

Quel chemin! Rita poursuit son récit:

— Dans certains endroits, les personnes âgées ont exprimé leurs craintes qu'après les différentes guerres, les jeunes ne connaissent pas le visage mixte qu'avaient toujours eu leurs hameaux. Nous avons alors décidé de réaliser ce travail avec des jeunes d'une vingtaine d'années, de communautés druzes et chrétiennes. Certains n'étaient jamais revenus à leurs racines depuis la guerre.

— Comment avez-vous procédé auprès d'eux?

— Après une longue préparation avec chaque groupe et des rencontres communes dans un lieu neutre, nous avons décidé d'organiser un événement ensemble dans le village pour la première fois depuis le déplacement. C'était le 11 septembre 2001. En arrivant, nous avons entendu ce qui se passait aux États-Unis. Au moment où un drame important éclatait dans le monde, nous, nous étions en train de nous réconcilier…

Je vois les yeux de Rita émus en évoquant ce souvenir. Elle poursuit: « Nous nous sommes rencontrés à de nombreuses reprises, durant deux années. Puis nous avons décidé d'organiser des temps de vie ensemble, en plus de nos réunions. Un jour, nous étions en bus, et certains druzes ont mis une chanson en hommage à Kamal Joumblatt, leader druze tué en 1977. Puis des chrétiens ont mis une musique en hommage à Bachir Gemayel, chef chrétien tué vingt-trois jours après avoir été élu président. Pendant la guerre, ces deux hommes ont été ennemis. À leurs morts, des personnes du camp adverse se sont réjouies et ont perçu réciproquement ces décès comme une victoire. Dans le bus, chaque groupe écoutait la musique de son représentant politique avec nostalgie. Pour la première fois, chacun découvrait ce que leur "ennemi" représentait pour leurs compatriotes: une figure paternelle, un défenseur de leur communauté, de leurs droits…» Quel profond moment!

Rita me regarde et insiste:

— Ce moment a été possible, parce que nous avions beaucoup cheminé ensemble: un espace avait été créé pour que chacun puisse parler de ses blessures et de ses représentations sur l'autre communauté. La confiance et des amitiés étaient nées.

— Mais comment ont réagi leurs familles?

— Certaines étaient très sceptiques. Puis progressivement, elles se sont laissé interpeller par ce que leurs enfants leur rapportaient. Quelques-uns nous ont alors contactés, nous demandant de réaliser ce programme avec eux! Nous nous sommes aperçus que les gens avaient soif d'apprendre des techniques de communication non violente pour dépasser eux-mêmes les conflits. Ce travail a permis de récolter beaucoup de fruits. Certains jeunes, devenus adultes, le poursuivent même avec leurs enfants!

— Et quelles sont les relations maintenant dans ces villages?

— Les liens entre druzes et chrétiens sont très bons là-bas. Quand le travail de dialogue n'a pas été réalisé, les communautés cohabitent et gardent beaucoup d'animosité, de peur et de méfiance.

Rita est partie d'un état de sidération et d'incompréhension pour arriver à devenir médiatrice et pilier de la réconciliation. Grâce à un élan intérieur et l'opportunité d'une rencontre, elle est ensuite passée à l'action. Quelques jours plus tard, c'est avec sœur Mariam an Nour que je poursuivrai cette réflexion sur l'importance de développer l'éducation à la paix.

L'éducation à la paix

Je suis dans un bus direction Damour. Quelques personnes m'avaient dissuadée de venir seule ici, prétextant que le trajet était trop compliqué. D'autres, plus explicites, m'avaient indiqué que c'était risqué. J'ai compris plus tard que, tel un iceberg, ces craintes dévoilaient les blessures non cicatrisées et les traumatismes de la guerre. Quand celle-ci a éclaté, Beyrouth a été divisé en deux, par une ligne de démarcation : Beyrouth-Ouest, qui était davantage « musulman », et Beyrouth-Est, « chrétien ». Mon rendez-vous aujourd'hui est à l'ouest de Beyrouth. Après discernement, j'ai fait le choix d'accepter cette proposition.

J'arrive à la gare routière et je demande conseil à des passants. Plusieurs personnes m'aident à trouver ma correspondance. Le chauffeur organise même mon arrivée, en téléphonant à l'établissement où je me rends. « Il n'y a personne à l'endroit où je vais te déposer ! J'ai demandé que quelqu'un vienne te chercher ! » m'informe-t-il. Je le remercie pour cette délicate attention. Nous partons. La route est belle et le soleil est éclatant. Nous longeons la mer. J'ai le cœur léger. Je suis si heureuse d'être guidée, quel que soit l'endroit où je vais.

Soudain, les bananiers qui défilent sous mes yeux me renvoient, comme un flash, les images du film bouleversant *L'insulte*[1]. Ce dernier évoque cette région et fait écho à l'exode des populations, durant les massacres qui ont eu lieu ici pendant la guerre. J'arrive dans cette ville située à une vingtaine de kilomètres au sud de Beyrouth, où l'ironie veut que « Damour[2] » signifie « éternité ».

J'ai rendez-vous au collège-lycée Carmel-Saint-Joseph pour retrouver sœur Mariam an Nour. Je l'ai rencontrée par un heureux hasard au mois de juillet, avant mon départ. Alors que je participais à un séjour d'amitié chrétiens-musulmans à Taizé[3], une sœur m'avait regardée avec les yeux écarquillés en

---

1. *L'insulte*, film de Ziad Doueiri, 2018.
2. Le nom de la ville est dérivé du nom du dieu phénicien Damoros qui symbolise l'éternité.
3. Taizé est une communauté œcuménique située en Saône-et-Loire, accueillant de nombreux jeunes du monde entier.

m'écoutant: «Mais c'est vous Rachel? Vous m'avez écrit pour venir nous voir au Liban!» J'avais obtenu son contact. Sans le savoir, elle était devant moi. Nous avions beaucoup ri de cette coïncidence! Aujourd'hui, je me réjouis de la retrouver ici.

Sœur Mariam an Nour m'accueille: «Rachel! Quelle joie de vous retrouver! Comment allez-vous?» Je la retrouve fidèle à elle-même, avec une énergie débordante pouvant déplacer les montagnes. Sa joie égale la mienne!

Après avoir échangé des nouvelles autour d'un thé et de petits gâteaux, elle répond à mes questions et me livre son récit. Elle m'entraîne avec elle en 1972-1973. La guerre éclate et sa communauté religieuse vit dans la partie ouest de Beyrouth, à majorité musulmane. Après une mûre réflexion avec l'ensemble de ses sœurs, elles font le choix audacieux de rester, malgré le contexte de violences qui a éclaté. Leurs préoccupations portent notamment sur l'établissement scolaire: comment le maintenir ouvert, alors que de nombreux professeurs chrétiens, face à cette situation sous extrême tension, ont quitté Beyrouth-Ouest pour gagner Beyrouth-Est?

Pour les sœurs, il fallait tout faire pour ne pas laisser la guerre prouver qu'elle avait raison d'être. «Contre les armes de la guerre, nous voulions combattre avec les armes du savoir et de la science! Nous étions convaincues aussi que chrétiens et musulmans pouvaient être un modèle du vivre-ensemble. Nous voulions montrer aux jeunes que la fraternité était possible, envers et contre tout, martèle sœur Mariam. Sinon, qui allait le montrer?» Elle m'explique alors, qu'ayant une mobylette (ce qui lui a valu plus tard le surnom de «sœur mobylette»), elle traversait régulièrement la ligne de démarcation pour aller chercher du gaz, des médicaments, des vivres, pour les habitants et sa communauté. Elle profitait parfois de ses passages pour retrouver les professeurs exilés, préoccupés pour l'avenir de l'établissement scolaire. Ensemble, en lien avec les carmélites et la communauté éducative, composée de musulmans et de chrétiens, ils ont réfléchi à cette question cruciale. Malgré le danger de la situation pour les uns et pour les autres, les doutes et les appréhensions de chacun, des professeurs chrétiens ont décidé de revenir côté ouest, et des familles musulmanes les ont accueillis chez elles.

Je regarde sœur Mariam an Nour, songeuse. J'avais pressenti auparavant la difficulté immense de créer des ponts au sein d'un conflit, mais sœur Mariam an Nour, avec sa communauté et toutes les personnes impliquées dans ce projet, insiste avant tout sur le danger extrême de les laisser s'effondrer… Ensemble, elles nous rappellent à quel point il est important, au sein d'une crise, de maintenir les liens et le dialogue, pour ne laisser ni la peur ni les préjugés séparer les individus.

Les yeux de sœur Mariam an Nour s'illuminent et elle poursuit avec vivacité : «Une fois réunis, nous avons pris la décision courageuse de maintenir contre vents et marées école, collège et lycée ouverts ! Cela a duré pendant dix-sept ans de guerre !» Elle tape du poing sur la table : «Nous voulions que cette école soit un lieu d'espérance, de solidarité et de réconciliation pour nos jeunes ! Nous voulions former des ambassadeurs de la paix !» Elle me regarde droit dans les yeux : «Il y avait des bombes la journée et la nuit. Nous avons parfois travaillé à la lueur des bougies, fait des queues énormes pour avoir quelques bouteilles à boire. Le gardien a été enlevé six mois avec ses enfants, et il est revenu ! Des professeurs ont été blessés par des éclats d'obus. Mais nous avons créé une solidarité immense. Et nous avons relevé le défi !»

En quelques minutes, sœur Mariam an Nour me déverse des paroles tout aussi fortes les unes que les autres. Je suis à la fois émerveillée et ébranlée par l'audace de cette équipe d'avoir pris le risque de maintenir leur établissement ouvert, pour enseigner.

— Mais vous receviez des élèves chrétiens et musulmans, alors que les deux communautés s'affrontaient ! Comment avez-vous fait pour qu'ils acceptent de se rassembler ?

— L'école a toujours été une école laïque, non au sens de la négation de la religion, mais au sens de ce qui peut naître de nos différences, pour enrichir le vivre-ensemble. Nous avons toujours œuvré à former chaque élève à devenir un citoyen libanais, fier de son identité singulière et fier d'appartenir à ce patrimoine pluriel, ouvert au monde. Pour cela, nous travaillons à ce que les enfants connaissent leurs propres appartenances culturelles, sociales, religieuses, et qu'ils s'y enracinent, pour être en mesure de reconnaître celles des autres. Si je ne suis pas bien dans ce que je suis, comment puis-je accepter l'identité plurielle de l'autre ?

Sœur Mariam an Nour m'interpelle une fois de plus et me renvoie à ce que nous vivons en France. Nous avons un pays fort d'un brassage culturel et religieux. J'ai l'impression que nous craignons ce que cela peut engendrer. Et si nous changions notre regard ? Accompagnons-nous les jeunes générations à être fières de ce qu'elles sont ? À se découvrir dans leur diversité ? À regarder leurs différences comme une richesse à partager ?

— Mais comment faites-vous pour aider ces jeunes à communiquer ?

Sœur Mariam an Nour me répond d'une voix forte et déterminée :

— Nous organisons des débats autour de la paix et de la réconciliation. Nous apprenons aux enfants à s'écouter et à débattre sur leurs convictions, en respectant celles de l'autre. Ils découvrent qu'il n'y a pas une seule vérité, mais qu'elle est plurielle. Nous formons aussi les enfants à devenir des médiateurs pour les aider à traverser leurs conflits. Nous voulons former des jeunes qui aient un esprit critique et qui œuvreront toujours pour la paix. Nous voulons qu'ils se sentent responsables les uns des autres et soudés, au-delà de tout ce qui est fait pour les séparer !

— Responsables ? Comment cela ?

Mariam an Nour me raconte alors cette nuit interminable d'attaques maritimes, du ciel et de la terre, d'une violence extrême. Elle a choisi de rester auprès de deux voisines musulmanes, âgées et alitées, pour leur tenir les mains, leur protéger les yeux et prier :

— Les bombes ont éclaté de partout. Les bonbonnes de gaz d'un magasin voisin ont explosé, les vitres ont été soufflées, des éclats d'obus sont arrivés jusqu'à nous. Nous étions sûres de périr. Nous sommes tous frères et sœurs en humanité. Je voulais vivre ou mourir avec elles ! Nous avons été épargnées, alors que tout était champ de ruines autour de nous...

Ce témoignage me rappelle que nous ne sommes pas responsables des conflits, mais des moyens que nous choisissons pour les traverser, ainsi que du message que nous voulons laisser. Sœur Mariam an Nour ne prétend pas avoir la solution pour arrêter la guerre, mais au sein de celle-ci, elle a permis que se crée un espace rempli de partage, de respect et de confiance. Elle a ainsi aidé les jeunes à se sentir solidaires et à devenir des ambassadeurs de la paix. Sœur Mariam an Nour nous encourage à assumer ce que nous enseignons. Comment demander aux jeunes de s'engager si nous fuyons nous-mêmes nos responsabilités ? Comment leur demander de dialoguer si nous ne savons pas nous-mêmes débattre avec ceux qui ont un avis divergent du nôtre ? Comment leur dire d'avoir confiance en l'avenir et en l'autre, si nous sommes nous-mêmes figés par la méfiance et la peur ?

En repartant, je rencontre une adulte qui me confie avoir été élève dans ce lycée pendant la guerre. Elle conclut notre partage par ces paroles : « En plein cœur du chaos, ce lycée était pour nous une oasis de paix, une bouffée d'air et d'espoir, qui nous montrait que la paix était possible. C'est grâce à tout ce que j'ai reçu ici que j'en suis là, aujourd'hui, confiante avec les autres et fière de qui je suis. »

Se former à la non-violence

Quelques jours plus tard, je médite sur la profondeur de ce que j'entends. Depuis mon arrivée, j'ai rencontré de nombreux chrétiens, musulmans ou druzes. J'ai pu voir comment chacun, à son échelle, est passé de l'effroi à l'engagement. Mais comment faire pour ceux qui veulent se former et qui ont besoin d'outils pour agir ? En route vers mon prochain rendez-vous, j'espère trouver des réponses à mes interrogations.

J'ai obtenu le contact d'Ogarit Younan grâce à Jean-Marie Muller. Il l'avait rencontrée à Paris, avec Walid Slaybi, en 1989. Il fut depuis invité par eux maintes fois au Liban, pour contribuer à la promotion de la non-violence.

J'arrive à l'AUNOHR[1], l'Université académique de la non-violence et des droits humains. L'espace est agréable. Joli parquet ancien, des portes aux vitraux colorés. Je suis ravie de découvrir dans une bibliothèque les livres de Jean-Marie Muller. Une femme aux cheveux longs grisonnants arrive.

« Bienvenue, Rachel ! Allons nous installer ! » Ogarit m'accueille avec un grand sourire. Sociologue libanaise, pionnière de l'éducation non violente au Liban, cette militante (depuis une quarantaine d'années) est un personnage hors du commun. Comme tant d'autres, je l'interroge sur son parcours, ses valeurs et ses convictions. Je mesure au fur et à mesure la chance que j'ai de pouvoir la rencontrer. Elle me donne son point de vue :

— Pour faire face à l'horreur et à l'injustice, la non-violence est une nécessité existentielle.

— Comment ce chemin s'est-il dessiné pour vous ?

— Avec Walid Slaybi, grand penseur arabe, nous avons fait un choix de vie. Nous avons décidé de fonder en 1983 le premier mouvement civil non violent au Liban. Ce n'était ni un parti politique, ni une petite association, mais un mouvement unique à l'époque. Nous voulions que la non-violence s'ancre dans la société.

— C'était une grande ambition ! Mais vers qui vous êtes-vous tournés ?

Elle sourit :

---

1. Academic University for Non-Violence and Human Rights.

— Nous avons commencé à intervenir auprès des jeunes, des enfants, des éducateurs, des professeurs, des activistes, puis nous avons rencontré des intellectuels, des politiciens, des journalistes, des religieux, et nous avons continué auprès des femmes, des ouvriers, des syndicats ! Nous voulions que tout le monde se sente concerné !

Je la regarde les yeux ronds. Ogarit, en effet, ne fait pas les choses à moitié ! Quand elle veut toucher la société, elle aborde une grande diversité du peuple libanais ! Elle me donne des exemples de ses réussites :

— Nous avons progressivement obtenu des résultats concrets, parfois sans précédents ! Par exemple, après une première initiative que j'ai entamée en 1985 durant la guerre, puis un travail continu auprès de trois mille enseignants et des dizaines d'écoles partout dans le pays, nous sommes entrés en lien avec le ministère de l'Éducation : nous leur avons proposé d'intégrer dans les programmes scolaires la culture de la non-violence. Cela fut signé officiellement cette année [2018] et cela va être instauré dans la réforme des programmes scolaires pour toutes les écoles du pays, de la maternelle aux classes secondaires !

Heureusement que je suis déjà assise sur une chaise pour ne pas en tomber. Comment a-t-elle réussi à convaincre le gouvernement, à instaurer ces programmes au cœur de l'éducation ? Ogarit n'est pas très grande de taille mais je découvre à quel point elle est forte de caractère et de convictions. Elle continue :

— En 2009, nous avons décidé de fonder AUNOHR[1]. Nous avons vécu une première expérience avec environ cent personnes de six pays arabes. C'était un rêve. Cela a été très fort ! Puis cette année, en 2018, en vingt jours, nous avons reçu deux mille deux cent cinquante-cinq candidatures venant du Liban et des pays arabes, pour seulement vingt-cinq places disponibles ! Nous avons eu des candidats syriens, palestiniens,

---

1. Jean-Marie Muller en est membre depuis sa création.

égyptiens, irakiens, jordaniens, maghrébins, yéménites... Cela montre que les personnes ont envie d'apprendre cette culture et d'agir là où elles sont, à leurs échelles!

— Deux mille deux cent cinquante-cinq candidatures pour seulement vingt-cinq places? C'est incroyable!

Elle rit, à la fois humble et heureuse de cette belle réussite puis poursuit:

— Des universités du Liban et d'autres pays arabes nous ont demandé de créer un partenariat, pour introduire un cours ou instituer un nouveau département dans leurs universités, à partir de notre cursus et de nos programmes académiques. Un premier accord fut signé avec l'Université libanaise nationale. Nous sommes en train de semer tout cela! Tout ce travail n'est pas que pour le futur, c'est aussi pour le présent!

Dire qu'en France, l'éducation à la non-violence commence seulement timidement à se glisser dans les universités... Quelle joie d'entendre cette volonté de se former à la non-violence dans les pays arabes, sans oublier que ces candidatures ne représentent qu'une partie de la population. C'est rempli d'espoir! Elle m'interpelle:

— Se former à la non-violence est essentiel pour en comprendre la philosophie, ses stratégies, puis construire des actions concrètes et réfléchies! C'est introduire une base de justice et de culture profonde dans les esprits. Ce n'est pas seulement organiser des manifestations! C'est un choix de vie, car nous ne pouvons pas être dans la violence et l'humanisme à la fois[1].

— Mais Ogarit, qu'est-ce que vous enseignez?

— Nous avons étudié, Walid et moi, la sociologie, la philosophie, la psychologie, l'économie, les sciences de l'éducation... Nous réfléchissons à la non-violence à partir de nombreux domaines. La non-violence doit se comprendre mais ne doit pas rester dans la seule sphère intellectuelle.

---

1. Voir le podcast de Célia Grincourt, «La force de la non-violence», qui interviewe Ogarit Younan.

Elle doit s'appuyer non pas seulement sur la compréhension du monde, mais également sur la connaissance de l'autre et, avant tout, de soi. Pour cela, nous demandons par exemple aux étudiants de passer un mois ensemble, pour vivre et mettre en pratique ce qu'ils apprennent. Sinon, nous restons dans la théorie ! Au contraire, nous avons besoin de personnes qui comprennent, qui se forment mais qui ensuite passent à l'action !

— Face à cette longue guerre que vous avez traversée, tu ne t'es jamais découragée ?

— Rachel, on me pose souvent cette question, et franchement, je n'ai jamais senti ce qu'est le découragement, je ne sais pas pourquoi ! Oui, nous avons connu des échecs. Mais nous avons aussi connu de grands succès. Ces succès valent tous les autres échecs que nous avons essuyés. Si nous pouvons aider les mentalités à évoluer, à voir le monde autrement, à se questionner, alors, déjà, ce sont de grandes victoires. Lors d'une manifestation par exemple, durant la guerre, au cœur d'une situation fortement risquée, nous étions face à des policiers : nous nous sommes approchés en leur chantant l'air d'une chanson célèbre de Fairouz[1], puis nous avons discuté avec eux. Nous leur avons affirmé : « Nous ne sommes pas les uns contre les autres mais ensemble contre les injustices ! » C'était important qu'ils sachent que nous ne manifestions pas contre eux, mais contre le système instauré.

En écoutant Ogarit, je trouve cela très fort que ce soient des peuples déchirés par la guerre et par l'horreur, qui aujourd'hui veulent donner la légitimité à la non-violence. Ils ont fait l'expérience que la violence n'est jamais la solution. Des alternatives sont possibles, non seulement pour traverser le conflit, mais pour créer un avenir viable pour tous. Je pense au livre *Le pouvoir de la non-violence. Pourquoi la résistance civile est*

---

1. Née en 1934 au Liban dans une famille chrétienne, Fairouz, de son vrai nom Nouhad Haddad, est une chanteuse très célèbre dans le monde arabe.

efficace, écrit par Erica Chenoweth et Maria J. Stephan[1]. Ces deux chercheuses américaines ont mené une étude aux États-Unis comparant des centaines de luttes violentes et non violentes, de Gandhi à aujourd'hui. Elles démontrent que l'issue des combats non violents mène davantage les années suivantes à une paix durable et à l'instauration d'un régime démocratique, tandis que les conflits violents engendrent davantage un risque de guerres civiles[2]. La principale difficulté du succès des conflits non violents est sa permanence dans la durée et le nombre de personnes déterminées à l'appliquer.

Avec Walid, Ogarit rappelle la nécessité et l'urgence de se former à la non-violence : « Grâce à des compétences que nous pouvons mettre au service des luttes et des plans de changement social, nous pourrons avoir une efficacité aux multiples facettes ! » ajoute-t-elle. Comment, en France et dans le monde, s'en inspirer ? Avant de partir, elle me glisse : « Regarde, nous avons récolté les témoignages de quelques étudiants… Tu verras par toi-même ce qu'ils ont pensé de leur formation ! » Je feuillette les pages. Je découvre des écrits signés d'hommes et de femmes, de Libanais, de Syriens, de Palestiniens, d'Irakiens, de militants, de journalistes, de formateurs ou de fondateurs d'associations… Je lis : « Cette université m'a fait le don d'une nouvelle perception, d'une nouvelle conscience. Je crois maintenant qu'on peut changer nos sociétés de manière prodigieuse et incroyable. Je travaille pour une ONG en Syrie. Après être venue ici, j'ai expérimenté un renouvellement de l'espoir ! J'ai retrouvé confiance en moi, en les autres, en la vie. » Ou encore : « J'ai senti que je n'étais pas seule ici. J'ai commencé à prendre conscience qu'on ne pouvait plus continuer à penser en termes de violence […]. Je

---

[1]. Erica Chenoweth et Maria J. Stephan, *Pouvoir de la non-violence. Pourquoi la résistance civile est efficace*, Calmann-Lévy, Paris, 2021.
[2]. Voir Alain Refalo, « Le pouvoir de la non-violence », *Alternatives non violentes*, numéro 199, juin 2021.

crois que cette université a été fondée pour changer le cours de l'histoire dans nos pays!» Ogarit me sourit. Je repars pleine d'espoir et d'interpellations. Quelle audace de croire en la non-violence... Mes prochaines rencontres me donneront d'autres exemples sur la manière de passer à l'action.

Reconstruire ensemble

«Bonjour, que voulez-vous savoir?» L'espace d'un court instant, je me demande si je ne me suis pas trompée d'adresse ou de personne. Je me trouve dans un bureau d'avocat, alors que je croyais rencontrer quelqu'un qui travaille avec des personnes en grande précarité.

Melhem Khalaf se présente et me confirme que je suis au bon endroit. Fondateur du mouvement Offre Joie, il m'explique comment cette association est née. Comme tant d'autres, Melhem était jeune en plein cœur de la guerre et a vu, impuissant, beaucoup de morts autour de lui, dont des enfants. «À 21 ans, nous avons le droit à tous les rêves non? Alors avec mes amis, nous avons décidé de faire la guerre à la guerre. Et le meilleur moyen de la faire, c'était de rassembler les gens. Nous avons créé Offre Joie. Nous avons commencé à organiser des colonies pour enfants, puis nous avons voulu créer des ponts, là où tout était détruit.» Il ajoute: «Pendant plusieurs années, un conflit a déchiré sunnites et chiites à Tripoli. Il s'est terminé en 2014. Il y a eu beaucoup de tués. Quelque temps après la fin officielle du conflit, un groupe de personnes a séquestré des responsables religieux de l'autre communauté, pour leur tondre la barbe en signe d'humiliation. Cela pouvait rapidement dégénérer! Avec des personnes du mouvement, nous sommes immédiatement partis rencontrer ces hommes humiliés, pour leur présenter nos excuses. Ceux d'entre nous qui appartenaient à la communauté des auteurs de l'acte ont pu signifier à ces chefs qu'ils désapprouvaient ce qui s'était passé et étaient attristés de voir les communautés se déchirer. Ces derniers ont été émus par notre démarche. Nous avons ensuite organisé une chaîne humaine entre les deux mosquées en réponse à l'humiliation. Beaucoup se sont mobilisés pour montrer leur solidarité. Cela a été un temps très fort…»

En écoutant Melhem, je ressens à la fois toute la tristesse de sentir que, de tout temps, l'humiliation est utilisée comme arme de guerre pour affaiblir les «adversaires». Mais quelle joie d'entendre qu'ils ont agi pour ne pas laisser la blessure s'envenimer par la colère, la rumination et le risque extrême de généralisation. Il ajoute: «Si tu veux, samedi, nous allons sur un chantier que nous réalisons pour prendre soin des blessures de la guerre. Il pourrait t'intéresser. Si tu es disponible, viens nous aider!» Je repars ravie de cette opportunité.

Le samedi suivant, je retrouve Melhem, à Tripoli. Nous sommes sur l'ancienne ligne de démarcation qui a vu s'affronter sunnites et chiites. Il y a encore des bidons rouillés, des barbelés, des immeubles criblés de balles. Certains, éventrés par un impact d'obus, conservent le trou qui a décimé de nombreuses vies. Il me dit: «Quand je vois cela, je ne peux pas rester à me regarder dans un miroir tous les matins, sans rien faire. Là, on comprend que la citoyenneté n'est pas un chant que l'on entonne sur les places publiques. La citoyenneté, c'est agir pour que les personnes ici retrouvent leur dignité! Car Rachel, des gens vivent ici, au milieu des gravats, des rats et des canalisations explosées. Regarde!»

J'ai l'impression d'être sur un champ de bataille. Des gens vivent ici, dans les décombres de la guerre. Ils sont comme des fantômes laissés dans le passé. Mon cœur est noué. Melhem me bouscule dans mes pensées, en reprenant avec élan: «Nous avons décidé de ne pas rester les bras croisés! Avec Offre Joie, nous avons choisi de réhabiliter toutes ces habitations, en réparant les câbles, les canalisations et en rénovant les façades d'immeubles… Viens voir!» Je le suis. Je vois des personnes qui travaillent ensemble sur des échafaudages ou dans une cour pleine de gravats. Melhem m'explique que ces dernières se sont déchirées pendant le conflit et s'unissent aujourd'hui pour réparer ensemble leurs lieux de vie, là où l'intime a été meurtri. En nettoyant les gravats, ce sont leurs pierres intérieures qu'elles sont en train de retirer. En réparant les éclats, ce sont leurs êtres qu'elles sont en train de soigner. À cela s'ajoute une équipe de bénévoles : des hommes et des femmes, du Liban, de divers pays arabes ou d'Europe, apportent leur contribution. Quelle solidarité ! Autour, des personnes âgées, des mamans et des enfants observent ce chantier. Quel modèle pour ces derniers ! Je salue plusieurs personnes et je pars avec certains ouvriers pour une visite des deux parties du quartier. Que ce soit d'un côté ou de l'autre, tous ceux que je croise m'accueillent avec le sourire.

De retour, j'ai hâte de mettre la main à la pâte. J'enfile un t-shirt et un casque de protection, puis je rejoins les bénévoles. Nous partons nettoyer un espace rempli de gravats, au pied des immeubles. Nous enlevons les plus gros encombrants puis ôtons les débris avec des seaux. J'apporte mon aide pour retirer un canapé éventré. Puis à force de déblayer, je trouve un foulard déchiré, une fourchette, une poupée arrachée… Mon cœur s'accélère en découvrant des cartouches de balles, des éclats métalliques, probablement des morceaux d'obus. Des images apparaissent dans ma tête. J'entends des cris, des bombardements. Je vois du sang. Je ne suis pas n'importe où. Une femme me regarde depuis sa fenêtre. Elle fuit mon regard au moment où je croise le sien, et s'en va, emportant avec elle ces scènes de drame remplies d'effroi. Voir cet espace se transformer l'aidera-t-elle, elle aussi, à se réparer ?

Les rires de certains volontaires me ramènent à l'instant présent. Ils proposent de créer une chaîne humaine. Les seaux passent de main en main. Tout se nettoie progressivement. Cela m'interpelle… Ce chantier est colossal, mais comme dans la fable du colibri[1], je découvre à quel point l'action de chacun contribue à faire rejaillir la vie. Il est temps maintenant de peindre des balcons. Pendant que nous nous appliquons à la tâche, un enfant me regarde, les yeux pétillants. Je lui tends mon pinceau. Il s'essaie à l'ouvrage et admire son œuvre, enchanté. En repeignant son espace, j'ai l'impression qu'il redonne de la couleur à sa vie! Il m'entraîne ensuite vers ses amis et d'autres enfants en bas de l'immeuble. Ils sont tout excités. J'ai emmené BIM, mon compagnon de voyage. C'est un petit âne en peluche, qui m'accompagne pour entrer en lien avec les enfants. Il s'appelle BIM car il est beau, incroyable et merveilleux, comme chaque enfant du monde! Melhem me donne carte blanche pour leur poser des questions. Avec mon ânon, nous les interrogeons sur ce que signifie le mot «paix» pour eux. Ils énumèrent avec leurs mots faussement innocents, leurs définitions. Ils me parlent de respect, de vivre-ensemble, de dialogue… Cela me fait penser à une récente rencontre avec des adolescents du quartier de Betane, à Beyrouth. L'un d'entre eux résumait ainsi: «La paix est un droit. La paix est une lutte contre la haine et la division. La paix est la réconciliation avec soi et avec les autres. La paix est un amour d'un genre différent. C'est la volonté de s'aimer avec nos divergences. La paix se trouve rarement, mais des gens la défendent pour que nous puissions vivre grâce à elle et pour elle!»

Comme à Betane, certains de ces enfants ont déjà connu la guerre… Mais ce sont eux qui viennent me donner un vent de légèreté. Pour terminer, ils chantent tous en chœur une chanson de paix en arabe. Je pense au dicton: «Un arbre qui tombe fait plus de bruit qu'une forêt qui pousse.» Au sein d'une guerre ou

---

[1]. Fable issue d'une légende amérindienne, racontée par Pierre Rabhi: alors que la forêt des animaux est en feu, un petit colibri décide de faire des allers-retours pour chercher de l'eau afin d'éteindre l'incendie. Les autres animaux l'interpellent en lui disant que son action est minime face à l'ampleur du désastre. Le petit colibri répond: «Oui, mais je fais ma part.»

pour la reconstruction d'un pays, partout dans le monde, des personnes de toutes nationalités, de toutes religions, œuvrent pour construire des ponts, réparer et, ensemble, se relever. J'aspire à ce que ces personnes soient davantage médiatisées. Elles ont tellement à nous apprendre. Mon séjour au Liban se termine en beauté. J'ai le cœur rempli de tous ces témoignages. Il est temps que je poursuive ma route à la rencontre de ces jardiniers de la paix…

Israël, Palestine

L'arrivée à Jérusalem

Après un passage de quinze jours pour retrouver une amie et découvrir les beautés de la Jordanie, je reprends ma route. Je suis dans une voiture-taxi venant d'Amman, direction Jérusalem. J'ai en moi une étrange sensation : beaucoup d'excitation, de confiance, avec une pointe d'appréhension. Le sentiment de vivre quelque chose qui n'est pas ordinaire.

J'ai sur mon passeport des tampons de pays en conflit avec l'État israélien. La question m'a tellement travaillée : « Vont-ils me laisser passer ? » Après plusieurs jours d'angoisse, j'ai eu comme un déclic : « Je dois partir demain. » Me voilà donc en chemin.

Je me souviens de mon séjour ici avec mes proches, quelques années plus tôt, pour retrouver Lulu[1]. Il était parti à pied avec son âne, de Dampierre, son village natal dans le Jura jusqu'à Bethléem, soit sept mille kilomètres pour promouvoir la paix et le désarmement nucléaire unilatéral de la France. Que de temps forts nous avions vécu…

Au *check point*, le chauffeur m'informe qu'il y a des entrées différentes pour chacun : les Palestiniens, les Israéliens et les

---

1. Lucien Converset, dit Lulu, est prêtre. Après avoir fait la guerre d'Algérie, il naît à « l'objection de conscience ». Durant toute sa vie, il s'engage pour promouvoir la paix et pour que chaque personne trouve sa place et vive avec dignité. Le 25 mars 2012, à 75 ans, il part avec son âne Isidore en direction de Bethléem, où il arrive le 17 juin 2013. Pour plus d'informations, voir son blog luluencampvolant.over-blog.com.

touristes. Je dis au revoir à mes compagnons de route et les regarde partir, chacun de son côté. J'arrive au contrôle. Un douanier me demande mon passeport et observe minutieusement les pages où des tampons sont apposés. Il me pose de nombreuses questions sur l'origine de mon prénom, ma généalogie, mes voyages, ma raison d'être là. J'ai l'impression qu'il a beaucoup de mal à se faire une idée de ma personne. Il s'en va un long moment et revient. Il scrute mon visage pour tenter de lire à travers mon regard.

— Ça va ? me demande-t-il comme pour sentir mon état de nervosité.

— Oui, très bien, merci !

Il hésite. Je suis la dernière. Il décide de me laisser entrer. Je respire. Sans tarder, j'emprunte un petit bus qui s'apprête à partir pour Jérusalem.

Les drapeaux israéliens s'imposent sur les collines. Mon cœur est rempli de diverses émotions. La joie et le soulagement d'être là, le cœur oppressé devant la complexité de cette terre, la nostalgie des moments passés ici, l'excitation d'imaginer mes prochaines rencontres. Nous suivons des routes sinueuses puis empruntons des autoroutes. Ça y est, j'aperçois Jérusalem. Je reconnais ses remparts ! Quelle joie !

À peine installée à l'auberge, je repars acheter un repas, que je déguste assise sur un banc. Peu de temps après, quelqu'un m'interpelle : « Bonjour, je vois que vous êtes seule et moi aussi, puis-je vous accompagner ? » C'est un homme juif, peut-être de mon âge. Il a une grande barbe et de jolies papillotes qui tombent de chaque côté de son visage. Il porte un grand manteau long et un chapeau sur la tête. Je sais que je suis une femme et que je dois rester prudente. J'hésite. Je repense à Dédé. Si nous restons sur cette place, très animée, je ne crains pas grand-chose. J'accepte. Nous faisons connaissance et commençons à parler pendant des heures. Il s'appelle Jacob. C'est un personnage assez atypique. Il est responsable des clés de deux synagogues, professeur d'arts plastiques dans une école de la ville, artiste rempli de regrets, de rêves inaccomplis, et gérant de pizzeria à ses heures perdues. Nous partons finalement nous balader. Je découvre qu'il est aussi un chanteur hors pair quand, traversant un petit tunnel, il interprète de sa voix éclatante des chants traditionnels juifs! Nous terminons notre escapade en faisant de la balançoire dans un parc. Quelle drôle de rencontre... Je rentre me coucher, fatiguée de cette journée si particulière.

Quelques jours plus tard, alors que j'ai choisi de loger à la Maison d'Abraham[1] qui offre une vue incroyable sur la ville, j'aide un ouvrier à la cueillette d'olives. Perchés sur des escabeaux, nous les ramassons pour les faire ensuite sécher au soleil. Je vois arriver une silhouette qui semble danser dans le vent!

«Bonjour! Je peux vous aider?» Ses yeux bleus sont étincelants et son sourire radieux. Vêtue de bleu avec un voile bien serré sur la tête, cette religieuse est pétillante! Elle a un petit accent doux qui me fait vibrer... «Je suis Josefina, chilienne! J'ai 36 ans. Je vis normalement cloîtrée mais après dix-neuf ans au monastère, je me posais beaucoup de questions. Je voulais expérimenter autre chose, pour réaffirmer ma vocation, et j'avais soif de découvrir la Terre sainte. Ma prieure m'a aidée à trouver ce qui serait bon pour moi et nous avons opté pour un séjour d'un mois et demi à Jérusalem. Au couvent, je porte un autre habit mais celui-ci est plus adapté pour l'extérieur. Je peux vous aider?» C'est ainsi que Josefina se joint à nous. Elle nous raconte ses découvertes, puis elle ajoute: «Si tu veux, nous irons découvrir Jérusalem ensemble! Il y a tellement de trésors partout!» À la fin de la journée, Josefina s'en va, aussi légère qu'elle est arrivée! Son sourire rayonne même de dos! Sans le savoir, débutait entre nous une profonde amitié...

---

1. Maison d'accueil qui permet aux pèlerins avec de faibles revenus de se rendre à Jérusalem, selon la demande de Paul VI. Elle a été fondée par le père Jean Rodhain du Secours catholique.

Je la retrouve donc deux jours plus tard, pour une visite des recoins et secrets de Jérusalem. Elle connaît la ville comme sa poche, alors qu'elle est là depuis seulement quinze jours… Elle me présente à des personnes de différentes communautés qu'elle semble déjà côtoyer depuis toujours ! « C'est incroyable d'être là, tu ne trouves pas ? me questionne-t-elle. Nous devons savourer chaque seconde ! » Josefina est tellement pleine de vie et d'audace ! Elle me fait beaucoup rire. Nous allons à l'église du Saint-Sépulcre[1], où chrétiens orthodoxes, catholiques, coptes et maronites se partagent le lieu. Il y a tant de touristes ou de personnes pieuses qui se bousculent qu'il est difficile de se recueillir. Nous quittons l'église pour nous faufiler ensuite dans les petites ruelles pavées. Nous arrivons au Mur des lamentations, où des juifs viennent prier. Certains glissent leurs intentions écrites sur des petits bouts de papier, dans les fentes de ce grand mur. Un peu plus loin, devant la mosquée al-Aqsa, des groupes de musulmans sont en cercle çà et là. Deux enfants se tiennent par la main et marchent ensemble. C'est émouvant d'être en ce lieu où se croisent les trois religions monothéistes. Malgré leurs divisions, je vois des hommes et des femmes prier si près les uns des autres. J'imagine leurs prières se mêler et, qu'un jour, ils puissent trouver la paix.

Josefina m'interpelle : « Viens, je vais t'emmener dans un lieu magique ! Tu vas voir ! » Nous arrivons devant la porte d'une congrégation, où se trouve un hôte d'accueil :

— Bonjour, Monsieur. Est-ce que nous pouvons entrer ?
— C'est pour quoi ?
— Nous voudrions aller à la chapelle s'il vous plaît.
— Allez-y.

Nous montons les marches. Nous entrons dans la chapelle, Josefina fait un signe de croix précipité et dit : « Bonjour Jésus, nous venons te saluer ! Mais nous sommes pressées, désolée !

---

1. Lieu où Jésus aurait été mis au tombeau, après sa crucifixion.

Nous ne pouvons pas rester! Nous reviendrons bientôt te voir!» puis elle s'en va aussitôt. Je me demande bien ce qui lui prend!

— Viens, c'est autre chose que je voulais te montrer!

Elle emprunte des petits escaliers étroits, passe par une trappe…

— Josefina, que fais-tu?

— Viens, tu vas voir!

Je la suis. Nous atterrissons sur la terrasse de la maison. «Regarde la vue, comme elle est magnifique! C'est la plus belle vue sur Jérusalem!» Je découvre émerveillée la ville scintillante de beauté. Nous voyons au milieu des toits les nombreux clochers, synagogues, coupoles et minarets. L'air est doux et tout est si calme. Quelques oiseaux viennent danser pour notre bonheur. «Tu as vu! me dit-elle avec ses yeux pétillants. Je t'avais bien dit que tu n'en croirais pas tes yeux!» Son sourire est radieux. «Allez, viens, nous devons retrouver des jeunes supers que j'ai rencontrés! Je vais te les présenter!» Nous repartons en saluant avec un grand sourire le concierge à l'accueil et poursuivons la journée de péripétie en péripétie.

«Addicte à l'espoir»

Alors que Josefina, les jours suivants, continue de me faire découvrir les trésors de la ville, avec tout son lot de surprises, je lui propose de m'accompagner à divers rendez-vous, afin de recueillir des témoignages pour mon projet. Ce soir, nous sommes invités chez Émile Moatti. Avec son épouse, il a fait partie pendant de longues années de la Fraternité d'Abraham à Paris: juifs, chrétiens et musulmans se retrouvaient pour parler de leur foi et échanger à partir des textes sacrés. «C'était tellement beau tout ce que nous avons vécu ensemble. J'y ai vécu les plus belles années de ma vie! J'aimerais tellement, au fond de moi, que ces lieux puissent encore exister! Je prie pour que le monde trouve le chemin de la paix!» Avec

Josefina, nous repartons de cette rencontre le cœur gonflé et ravi. Elle me dit :

— Émile parle de ces rencontres avec tellement d'amour ! Je suis si heureuse que tu m'aies proposé de venir le rencontrer !

— Oui, quand je l'écoute, cela me conforte dans l'idée que nous avons beaucoup à apprendre ensemble ! Ces liens ont l'air d'avoir tellement nourri sa vie !

Avec notre enthousiasme, nous nous égarons dans les rues de Jérusalem. Nous rions de ce constat. Un jeune homme passe. Nous l'interpellons :

— Excusez-nous, nous voudrions rejoindre la porte de Jaffa s'il vous plaît ! Quel chemin faut-il prendre ?

Il réfléchit et nous dit :

— Ce n'est pas si loin mais il y a beaucoup de petites ruelles ! Si vous voulez, je peux vous accompagner !

C'est ainsi que nous faisons la connaissance de Gershon, avec qui nous allons rapidement sympathiser. Nous parlons de nos vies. Je sens qu'il est très sensible, à l'écoute, mais aussi provocateur. Quand je lui expose mon projet, il me répond : « Super ! Tu vas nous apporter la paix en Israël et en Palestine, merci beaucoup ! » Le débat est lancé. La conversation est tellement prenante que Gershon repousse sans cesse le moment où il repartira de son côté et, finalement, nous accompagne jusqu'à notre destination de l'autre côté de la ville. Nous échangeons nos contacts pour poursuivre le débat ultérieurement.

Quelques jours plus tard, nous nous retrouvons :

— Alors, qui as-tu vu d'intéressant ? me demande-t-il, interrogateur.

— À Nazareth, j'ai rencontré Émile Shoufani, qui a organisé des séjours de commémoration à Auschwitz avec des chrétiens, des juifs et des musulmans. De retour à Jérusalem, j'ai vu René-Samuel Sirat, l'ancien grand rabbin de France, qui vit maintenant en Israël. Il a organisé avec Alain Michel des congrès mondiaux il y a quelques années entre imams et rabbins d'Israël et de Palestine !

— C'était bien ? Tu es contente ?
— Oui, très heureuse ! Ces rencontres étaient passionnantes !
— Pourquoi ?

Je lui explique ce que ces hommes ont mis en place pour développer des espaces de rencontres interreligieuses, le message qu'ils donnent...

— Mais pourquoi cela t'a touchée ?
— Parce que cela donne de l'espoir !
— Ah, je comprends. Tu es là pour trouver de l'espoir ! Ton voyage sert à cela ! Mais comment vas-tu faire quand tu vas rentrer ? Tu vas être désespérée ! En fait, c'est triste ce que tu fais. Tu es une addicte à l'espoir et tu cours après.
— Une addicte à l'espoir ?
— Oui, une addicte à l'espoir ! Quand tu vas rencontrer ces gens que tu cherches, vous vous faites du bien mutuellement ! Parce qu'eux aussi sont des addicts ! Toi, tu es contente parce qu'ils peuvent te raconter tout ce qu'ils ont fait, et eux sont ravis parce qu'ils voient que la relève est assurée !
— Mais dans « addicte à l'espoir », les termes ne vont pas du tout ensemble ! L'addiction détruit ! Alors que l'espoir nous élève ! L'espoir est important dans la vie, non ?
— Non ! Pour moi, ce n'est pas important.
— Ce n'est pas important ? Pourquoi ?
— Parce que pour moi, l'espoir est dangereux.
— Dangereux ?
— Oui, quand tu as beaucoup d'espoir, tes attentes sont très grandes. Et quand les résultats sont décevants, ta déception est à la hauteur de l'espoir que tu avais. Cela peut faire très mal ! Et même te faire tomber en dépression. Alors finalement, il vaut mieux ne pas espérer...
— Mais sans espoir, tu ne fais rien ! Tu n'espères plus ! Tu ne vis plus !
— Oui, mais au moins tu n'es pas blessé...

À ce moment-là, je ressens tout le poids de la souffrance, du découragement et de la désillusion que porte Gershon, comme tant d'autres personnes que je vais rencontrer. De génération en génération, les blessures s'accumulent. Chacun attend une initiative, un changement d'attitude de l'autre camp. Ce conflit israélo-palestinien est bloqué depuis tant d'années. Et aucun processus de paix ne semble s'amorcer.

Je m'interroge. Qu'est-ce que l'espoir ? Faut-il s'en méfier ? N'est-il qu'un pansement pour combler des craintes, nier la réalité, idéaliser un avenir meilleur ? L'espoir, dans ce cas, est-il comme le funambule sur une corde, ambitieux et fragile, qui au moindre faux pas, au moindre coup de vent violent, peut perdre l'équilibre, et ainsi tomber dans les abîmes du désespoir ? Mais qu'est-ce que signifie une vie sans espoir ? Est-ce une vie résignée ? Où l'on accepte tout, où l'on subit impuissant tout ce qui se passe autour de nous ? Cela ne comprend-il pas le risque d'abandonner les luttes et nos valeurs ?

Après un long silence, Gershon murmure : « J'espère que tu pourras vraiment avoir du succès dans ton projet ! Au fond, je trouve cela très beau. Cela m'interpelle. J'aimerais sûrement avoir la même force qui m'anime. Mais je ne l'ai pas... » Je suis dubitative devant cette réaction. J'entends alors son mot « addiction » d'une autre façon : comme un élan auquel on ne peut résister. Si cet élan est pour l'espoir, alors, pourquoi pas. Je lui réponds hésitante, en souriant : « Cette force dont tu parles, il n'est jamais trop tard pour la réveiller... »

Agir ensemble pour des accords de paix

Les interpellations de Gershon me trottent dans la tête. Comment garder espoir, quand nous nous trouvons au sein d'un conflit depuis tant d'années cristallisé, et qu'aucun accord de paix ne semble se profiler ? Aujourd'hui, je suis impatiente de commencer mon prochain entretien, qui m'aidera peut-être à prendre du recul sur ces questions. Face à l'impuissance généralisée, que faire ? Comment agir ?

Roni arrive dans un petit café où nous avons choisi de nous retrouver. Femme d'une cinquantaine d'années, elle est pleine d'élan et de dynamisme. Elle est membre des Women Wage Peace, les Guerrières de la paix. J'ai découvert ce mouvement par hasard, en regardant un reportage à leur sujet, il y a quelques années. Il rassemble des femmes israéliennes, de tout horizon, qui demande à l'État israélien d'ouvrir des accords de paix avec la Palestine. Roni me raconte comment elle a découvert cette association et pourquoi elle s'est engagée. « Tout comme mon mari, j'ai été soldat. Il était important pour nous de servir notre pays et de tout faire pour le protéger. Je n'ai pas vu beaucoup de morts et je n'ai pas tué, Dieu m'en garde. J'ai délibérément choisi une position dans l'armée où je pouvais aider et soutenir, mais où je n'étais pas vraiment impliquée dans les combats, ce qui est le cas pour beaucoup de femmes. »

Elle me regarde avec les yeux tristes et me dit : « Lors de la dernière intifada, j'ai vu beaucoup de victimes et de dégâts. Je suis arrivée à saturation. J'ai ressenti une voix profonde en moi qui criait : "C'en est assez !" J'ai alors beaucoup réfléchi. Et je me suis dit que nous pouvions dialoguer avec les Palestiniens ! J'ai moi aussi perdu au fil des années de nombreux proches. Je sais qu'il n'y a pas de mots pour décrire le désastre intérieur que provoque la perte d'un membre de sa famille ou d'un ami. Ma famille aussi a connu l'exode et nous ne pourrons jamais retrouver nos maisons. Mais nous ne pouvons plus continuer comme cela. Il y a tant d'endroits dans le monde où les conflits ont pu trouver une issue ! Regarde par exemple la France et l'Allemagne ! Nous devons nous aussi agir pour contribuer à une résolution de ce conflit ! Cela peut être un processus très long et douloureux, mais c'est essentiel pour arrêter cette guerre. »

Roni s'arrête un instant, pensive, et reprend : « J'ai alors pensé à mes enfants. L'aîné allait bientôt devoir entrer à l'armée, puis les deux suivants, peu de temps après lui. Qu'allais-je leur dire ? Qu'ils allaient se rendre au front pour rien ? Les laisser faire quelque chose en quoi je ne crois plus ? Pour moi, il n'y a plus aucune raison de faire la guerre avec les Palestiniens ! » Elle m'évoque ensuite la situation à Gaza : « C'est effrayant ce qui se passe là-bas ! Ce sont nos jeunes, des deux côtés, que nous allons sacrifier ? Quel avenir leur offre-t-on, à part de les envoyer se tuer ? » Je regarde Roni et vois sa détresse en tant que maman. Je suis tellement marquée par cette femme qui était convaincue de vouloir protéger son pays par les armes et qui maintenant, voudrait s'opposer au service militaire ! Il ne doit pas être facile dans ce contexte de l'affirmer...

Roni continue son récit : « Un jour, je suis tombée par hasard sur un courriel de l'association Women Wage Peace. Je me suis rendu compte que, non pas des centaines, mais des milliers de femmes israéliennes pensaient comme moi ! Elles aussi en avaient assez ! J'ai rejoint leur organisation. Je trouvais cela très beau que ce soient des femmes qui soient à l'initiative de ce mouvement ! Les hommes aiment le pouvoir, mais les femmes portent la vie. Je crois que les femmes ont beaucoup à apporter dans les processus de paix. » En écoutant Roni, je pense à un article lu à leur sujet, qui indiquait : « Des études ont démontré que l'implication des femmes accroît significativement les chances d'obtenir un accord [pour sortir d'un conflit armé]. Ceux-ci sont maintenus plus longtemps quand les femmes sont impliquées comme nous l'a démontré l'Irlande du Nord, le Liberia, la Croatie, et d'autres pays à travers le monde[1]. »

Roni, avec un sourire, me dit : « Au début, l'association a commencé avec seulement quelques femmes, venant de tout le pays. C'était un signe pour moi qu'il y en avait bien plus qui voulaient s'impliquer réellement. Le mouvement a grandi très vite ! Aujourd'hui, nous sommes plus de cinquante mille femmes de toutes origines et de toutes confessions, et nous nous rassemblons pour dire non à ce conflit ! »

---

1. Voir le site de Women Wage Peace : « Quand les femmes s'engagent pour la paix ».

Cela me remplit le cœur de joie. Je l'interroge sur le reportage que j'ai vu à ce sujet :

— Tu étais présente à la grande marche qui a eu lieu entre Jérusalem et Jéricho en 2017 ?

— Oui, j'étais là ! Nous étions des milliers, toutes habillées de blanc avec un foulard bleu, afin de marcher et de chanter pour la paix. Ce jour-là, nous avions obtenu un accord pour que des femmes palestiniennes viennent avec nous manifester. C'était tellement émouvant ! Quand tu vois cela, tu te dis que c'est possible !

— Oui, c'est incroyable ! Nous avons besoin de connaître davantage ce type d'événements ! Des milliers de citoyennes choisissent de passer à l'action !

J'interpelle Roni :

— Mais comment faites-vous pour vous organiser ?

— Nous avons des coordinatrices dans chaque ville, des groupes dans chaque lieu. Nous n'avons pas de chef. Il n'y a pas d'héroïne, ni de leader, ni de reine. Au cœur de nos valeurs, il y a le fait d'être non violentes et positives. Nous sommes toutes des femmes normales de différentes parties du pays.

— Mais que faites-vous ensuite ? Comment agissez-vous ?

— Nous demandons au gouvernement israélien que des accords de paix soient réenvisagés. Nous voulons qu'Israël prenne ses responsabilités. Nous ne pouvons pas mettre sans cesse la faute sur les uns et les autres. Israël est responsable de ses citoyens et doit ouvrir un processus de paix, pour nous protéger. Nous allons une fois par semaine devant le Parlement ou devant des instances décisionnelles pour manifester. Nous rencontrons des responsables politiques et nous avons obtenu certaines victoires !

Roni me regarde droit dans les yeux avec une idée en tête : « D'ailleurs, la semaine prochaine, il y aura un rassemblement à Tel Aviv. Un rapport a été publié il y a peu, indiquant qu'avant l'opération qui a eu lieu dernièrement à Gaza, l'État n'avait pas examiné les alternatives politiques possibles. Cela a provoqué beaucoup de critiques publiques sur le fait qu'aucune alternative n'ait été examinée : des vies ont été mises en danger et nous nous sommes lancés dans une opération militaire, sans chercher d'abord d'autres moyens de résoudre le problème. Nous allons nous rendre devant le ministère de la Défense pour protester. Si tu veux nous soutenir, tu peux venir ! »

Quelle opportunité… Une de plus ! Quelques jours plus tard, je retrouve donc Roni et de nombreuses femmes à Tel Aviv. Elles ont des pancartes et clament des slogans avec conviction. Nous déambulons ensuite dans une partie de la ville. Nous arrivons dans un parc où une petite scène a été créée. Concerts et récits se succèdent. Une femme de Jérusalem passe un appel vidéo à sa sœur palestinienne qui n'a pas pu venir. Tout le monde applaudit. Elle donne des nouvelles de la situation côté palestinien. D'autres femmes prennent la parole au micro. Elles sont arabes, juives, musulmanes, chrétiennes ou athées, des grandes villes ou de villages isolés, d'Israël ou de Palestine, et elles se battent pour la paix.

De l'humour face à l'oppression

Il est temps pour moi de partir en Cisjordanie. Depuis Tel Aviv ou Nazareth, le mur érigé pour séparer Israël de la Palestine (appelé « barrière de séparation ») rend difficile, voire impossible de passer la frontière. Il me faut redescendre en train à Jérusalem pour prendre un bus, afin de gagner Bethléem. Nous longeons ce mur gris haut de huit mètres, qui s'étend sur plus de sept cents kilomètres. La route est ponctuée de miradors. Le bus me dépose près du *check point*, lieu de contrôle israélien. Je dois « traverser le mur » à pied. La sécurité est la même que dans un aéroport. Cet endroit me serre le cœur dans la division qu'il impose.

Me voilà donc côté palestinien. Des panneaux écrits en lettres blanches sur fond rouge informent : « Cette route mène en zone A[1] sous autorité palestinienne. L'entrée pour les citoyens israéliens est interdite. C'est dangereux pour vos vies et c'est contre la loi israélienne. » Cela me fait penser aux panneaux utilisés en Afrique du Sud pendant l'apartheid, qui délimitaient les espaces. Le mur de ce côté est coloré et tagué de dessins dénonciateurs ou de messages de paix. Un lion, par exemple, mange une colombe, des cœurs tentent d'écarter les parois des murs, une échelle est peinte pour simuler l'ouverture d'un passage... Se trouvent aussi les dessins si puissants de l'artiste Banksy : une petite fille s'envole avec un ballon, une autre joue à la corde à sauter avec des barbelés, un soldat contrôle les papiers d'identité d'un âne, etc. Ces dessins sont une forme de résistance et de dénonciation non violente.

Je longe le mur et passe au pied d'un mirador. Cela me fait froid dans le dos. Je suis sûrement observée. Qui est le soldat qui tient la garde aujourd'hui ? Je marche au bout d'une impasse. Trois maisons mitoyennes sont entourées de près par le mur. C'est là. Je suis devant la maison de Claire, que j'ai rencontrée cinq ans plus tôt. Elle m'avait raconté son histoire. Au moment de la construction du mur, elle et sa famille avaient subi de nombreuses pressions morales et psychologiques pour quitter leur habitation. Ses enfants ont grandi dans un contexte de menaces et d'effroi. L'eau étant parfois coupée en Palestine, sa réserve se voyait parfois mitraillée. Malgré toutes ces menaces, Claire et sa famille ont décidé de rester. Ils se sont battus pour survivre. Claire tient un petit magasin de souvenirs avec des objets religieux qu'elle a parfois confectionnés elle-même.

Elle est là sur le pas de sa porte :

— Claire, tu te rappelles de moi ? Son visage s'illumine, elle me reconnaît et m'accueille.

---

1. La zone A est sous contrôle de l'autorité palestinienne. La zone B sous contrôle conjoint entre l'autorité palestinienne (administration civile) et Israël (contrôle militaire). La zone C est sous contrôle israélien exclusivement.

— Cela fait si longtemps ! Que deviens-tu ?

Nos retrouvailles nous comblent de joie ! Quand je la regarde plus attentivement, derrière son sourire, je vois son visage vieilli et éprouvé. Sa voix est éraillée. Nous nous asseyons. Elle me prépare du thé et me livre les événements difficiles de ces dernières années. Elle me confie également les soucis liés à la création de chambres d'hôtes et la difficulté d'en faire la promotion. Les touristes qui ne connaissent pas les lieux ne s'aventurent pas ici. Je vois dans ses yeux le poids des diverses épreuves et la force de vouloir continuer.

Claire, qui garde le sens de l'humour, me raconte ensuite ce qu'elle considère comme une anecdote. Un jour, alors qu'elle étendait son linge sur son balcon, elle a perçu que le militaire situé dans le mirador paraissait plutôt énervé. Quelqu'un devait le provoquer. Elle a continué jusqu'à ce qu'elle remarque qu'il la regardait ! C'est elle qui l'énervait ! Il lui faisait signe de rentrer chez elle. Claire, surprise, et par provocation, a fait mine de ne pas comprendre. Elle a continué. Puis elle a vu le militaire se glisser à la fenêtre du mirador, positionner son arme dans sa direction… Claire est vite rentrée. Puis, de sa fenêtre, elle a attendu qu'il rentre dans sa cabine pour retourner sur son balcon. « Il fallait bien que j'étende mon linge ! » précise-t-elle en riant ! Je suis surprise par l'humour de Claire « prête à jouer avec le feu » (expression malheureusement très révélatrice), pour transformer en rires un moment insoutenable d'oppression.

Je décide de passer une nuit dans l'une de ses chambres d'hôte. Encore endormie, au petit matin, je tire machinalement le rideau. J'ai un geste de recul ! Quelle sensation de se réveiller face à un mur en guise de lever de soleil… Dire qu'ils vivent cela tous les jours. Combien de temps cela durera encore ? Je dis au revoir à Claire et poursuis ma route, vers d'autres retrouvailles.

Enraciner l'espoir

Le taxi m'arrête au point convenu. Je descends et poursuis mon chemin à pied. Je reconnais à peine les lieux. Des immeubles se sont construits de toute part. Alors que je m'apprête à traverser la route, une voiture s'arrête à mes côtés : «Vous allez à la colonie[1]? Nous pouvons vous déposer!»

Je regarde ce couple de personnes âgées bouche bée. Le temps d'un instant, les idées s'embrouillent dans ma tête. Sont-ils des colons? Ils ne semblent pas soupçonner où je vais. Puis-je leur dire? Comment perçoivent-ils les membres de cette famille palestinienne, résistante non violente à l'oppression, que je vais rencontrer? Se considèrent-ils comme des oppresseurs ou des opprimés? Faut-il les interpeller, ouvrir le dialogue, leur parler de la lutte de cette famille pour survivre? Les deux paires d'yeux me regardent sans comprendre mon silence et mon hésitation. Je reprends mes esprits : «Non, désolée, je veux juste traverser.»

Ils repartent. La tristesse me submerge, mêlée à la peur de l'avenir, ici. Je suis remplie de désarroi, de colère et d'incompréhension face à cette situation. Mes larmes coulent sans que je ne puisse les arrêter.

Aujourd'hui, après cinq ans, je viens retrouver la famille Nassar. Ces frères et sœurs Palestiniens sont agriculteurs. Depuis plus de trente ans, ils se battent en justice pour garder leurs terres, très prisées par le gouvernement israélien qui veut les transformer en colonies. En les rencontrant quelques années plus tôt, leur résilience, leur foi et leur vie m'avaient bouleversée. Je passe devant une école juive qui a jailli des entrailles de la terre. Sur le chemin, je me retrouve face à des rochers. Ils coupent la route pour empêcher les véhicules de circuler. Mon cœur se contracte. Je suis écœurée. Je les escalade, la mâchoire crispée.

---

1. Les colonies sont des lieux d'habitation israéliens construits sur les territoires occupés par leur pays, sur les terres palestiniennes. Certaines sont tellement grandes qu'elles deviennent de véritables villes.

J'avance. J'aperçois la maison. J'entends les criquets et les oiseaux chanter. Un vent de paix m'enveloppe. À l'entrée, une phrase écrite à la peinture sur une pierre annonce : « Ici, il n'y a pas d'ennemis. » Je respire profondément. Je suis à « la Tente des Nations », où je viens passer quelques jours. Ce lieu militant est soutenu par de nombreuses organisations internationales. Au loin, j'aperçois Daher sur son tracteur. En me voyant, il vient à ma rencontre. Il n'a pas changé, avec sa petite moustache, son ventre rondouillet et ses petits yeux pétillants : « Bienvenue ! Tout s'est bien passé pour venir ? » Je lui raconte rapidement mon arrivée, ma tristesse et ma colère. Il me tape dans le dos : « Tout va bien aller ! » me dit-il. C'est lui qui me rassure... Je le questionne : « Comment allez-vous depuis ce qui s'est passé ? »

Je regarde de manière circulaire leurs terres pour me faire moi-même une idée. En 2014, un an après notre visite, des bulldozers israéliens sont venus arracher tous les oliviers et arbres fruitiers du domaine, jusqu'à leurs racines. Tout a été saccagé. Daher me répond avec sérénité :

— Tout va bien. Nous continuons dans la paix.

— Avez-vous pu tout replanter ?

— À chaque arbre arraché, nous avons décidé d'en replanter deux. Nous ne voulons pas tomber dans la haine.

— Il y avait tellement d'arbres ! Comment avez-vous fait ?

— Beaucoup de personnes sont venues nous aider. Tu as vu l'écriteau à l'entrée ? « Ici, il n'y a pas d'ennemis. » Mon grand-père nous a transmis ces valeurs de paix et nous voulons les vivre. Allez, viens, je vais te montrer.

Je dépose mon sac et accompagne Daher.

— C'est si révoltant d'avoir vu vos cultures et d'imaginer que tout a été détruit. Comment gardez-vous espoir ?

Il me répond :

— Tu sais, après la destruction de nos arbres, des associations juives pacifiques sont venues nous dire qu'elles étaient en désaccord avec ce qui s'était passé, et qu'elles nous soutenaient !

Elles sont venues nous aider. Cela a été pour nous un signe très fort d'espoir!

Daher a le sourire et semble serein. Quelle force tranquille il a en lui... Plus ancré qu'un arbre que l'on voudrait déraciner... La tête pensive, je lui dis :

— Il ne doit pas être facile de vivre dans une telle situation. Et quand je vois ce mur érigé entre Israël et Palestine, cela m'attriste tellement...

Les yeux pleins de souvenirs, il me répond :

— Tu sais, quand ils ont commencé à construire le mur, je suis allé les interpeller en leur disant : « Vous ne voulez pas laisser quelques fenêtres pour que l'on se voie ? » Mais je garde confiance! J'étais à Berlin lors de la chute du mur et j'en ai gardé un morceau! Je garde espoir qu'un jour, le mur tombera comme il est tombé là-bas! J'espère qu'il y aura la paix ici et que nous pourrons tous nous rencontrer...

— Je le souhaite aussi, Daher, je le souhaite tellement!

Nous poursuivons en rêvant à ce moment. Je lui demande des nouvelles de la famille. Daoud, son frère, viendra ici demain. Après avoir fini le tour du terrain, Daher m'indique l'endroit où je vais dormir. C'est une grotte aménagée, avec quelques chambres aux lits superposés ainsi qu'une cuisine-salle-à-manger. C'est étrange de penser que je vais dormir dans un endroit si paisible et à la fois si menacé. À chaque instant, tout peut arriver. Je tente intérieurement de nourrir cette paix que Daher dégage tant. Un jeune Américain est là également. Nous faisons connaissance. Daher nous propose de l'accompagner labourer la terre.

Après une magnifique soirée et une belle nuit étoilée, mon hôte, au petit matin, me propose de planter des graines. En semant, je suis plongée dans mes pensées. Au loin, j'entends les cris des écoliers. Ils sont en récréation. Je me demande ce qu'ils entendent comme discours sur la Tente des Nations. Je sème mes graines et je me questionne : enterrer ces graines pour qu'elles donnent vie ? Dur à croire... Totalement enfouies, comment vont-elles sentir le soleil et suivre sa direction dans l'obscurité de la terre, au milieu des cailloux ? Ce n'est pourtant qu'ainsi qu'elles pourront révéler leur nature. Je pense aux témoignages déroutants que j'entends, à la situation israélo-palestinienne, à toutes ces guerres…

Mes graines. Plus je les sème, plus j'ai l'impression qu'il m'en reste à semer. C'est interminable. Peut-être comme les combats que nous menons. En s'y engageant, nous prenons conscience que tout est lié. Cela fait quelques heures que je suis là à bêcher et à planter sous le soleil. Je commence à fatiguer. J'imagine alors tous ces «jardiniers de la paix» que j'ai déjà rencontrés, qui se relaient pour semer ! Tout d'un coup, en moi, tout devient plus léger. Je me rappelle que nous ne sommes pas seuls mais des milliers, à œuvrer pour plus d'humanité.

Je pense alors à la beauté d'une graine. Si petite, elle devient une fleur, un légume, un arbre, un olivier. Comment peut-on imaginer qu'en une graine si fragile, quelque chose de si grand et de si bon va germer ? Quelle que soit la saison, ces jardiniers de la paix gardent l'espérance de la floraison. Quand tout semble mort ou détruit, eux continuent de croire en la vie. Une profonde gratitude m'envahit de pouvoir les rencontrer.

— Bonjour, je suis Daoud, enchanté !

Je n'ai pas pu rencontrer Daoud la première fois que je suis venue ici.

— Enchantée !

Daoud est un homme assez grand, une cinquantaine d'années, les cheveux grisonnants. Il a la peau mate et les yeux clairs. Nous échangeons. Je lui explique ma venue ici en 2013 et la raison de mon retour. «C'est très intéressant ! Je dois aller tailler des arbres. Veux-tu m'accompagner, pour que tu puisses m'expliquer ?»

Le sourire aux lèvres, je pars à ses côtés. Muni de son sécateur, au soleil doux de la tombée du jour, il m'interroge : «Alors, raconte-moi ton projet !» Je lui explique l'idée du tour du monde, ses étapes, et lui énumère quelques pays. Je lui évoque le Rwanda, et lui cite quelques exemples autour du travail sur le pardon et la réconciliation après le génocide. Après quelques secondes de silence, Daoud me dit : « Tu vois, Rachel, quand je t'écoute, je me dis que j'ai de la chance d'être palestinien. » Je suis interloquée. Je ne m'attendais pas à une telle réflexion ! Il ajoute : « Tu te rends compte de ce qu'ils ont vécu ? Ils se sont entre-tués entre familles et amis, et ils ont su se pardonner ! Nous regardons parfois trop souvent ceux qui ont une meilleure situation que la nôtre, mais c'est important de regarder ceux qui vivent pire que nous. Ces personnes ont beaucoup à nous apprendre... » Je me sens tellement petite face à ses propos, moi qui ne regarde parfois que mes propres difficultés... Il m'interpelle : « Il faudra que tu reviennes nous raconter ton voyage quand tu auras terminé, pour nous inspirer de ce qu'ils font ! »

Daoud se tourne à nouveau vers son travail. Il regarde un arbre et se questionne : « Comment vais-je le tailler celui-ci ? » Il est très attentionné. Il s'attaque à une grosse branche. Je ne peux m'empêcher de l'interpeller vivement :

— Pourquoi coupes-tu celle-ci ?

— Parce que le tronc est trop petit pour supporter tout cela ! Cela va l'aider à grandir, à se solidifier et devenir plus fort !

Son geste m'a renvoyée aux actes destructeurs subis ici. Comme à son frère, je lui pose la question :

— Daoud, avec toutes vos épreuves, cela ne t'arrive jamais de perdre espoir ?

— Bien sûr ! La dernière fois qu'ils ont tout détruit, j'ai perdu espoir. En réalité, face à tout ce qui nous est arrivé, nous avions trois options : réagir par la violence, mais la violence aggrave la situation. Pleurer de désespoir ou fuir, mais cela n'allait pas nous aider. Faire le choix d'agir dans la non-violence, c'est ce que nous avons décidé ! Nous avons alors regardé chaque difficulté comme un défi pour inventer de nouvelles solutions, comme l'opportunité de toujours puiser dans nos ressources intérieures. Par exemple, nous n'avons pas le droit de construire ici : nous avons aménagé nos grottes. Ni celui d'avoir accès à l'électricité : nous avons installé des panneaux solaires. Nous n'avions pas d'eau : nous avons créé des réserves pour récolter l'eau de pluie. Chaque épreuve amène à ouvrir davantage son esprit et développer sa créativité.

Je suis marquée par la paix intérieure que dégage Daoud, comme son frère. Ce qu'il exprime est très profond, pétri de la réaction à l'oppression par la non-violence. Me vient alors à l'esprit les paroles de Gershon, mon ami israélien : « Tu es une addicte à l'espoir ! » Depuis cette conversation, je ne cesse de réfléchir à ses mots. Je demande à Daoud ce qu'il pense de cette interpellation. Il reste pensif, puis me répond : « Pour moi, l'espoir, ce n'est pas d'avoir des résultats. L'espoir est bien plus profond que cela. Même quand on échoue, on peut garder espoir. L'espoir est une conviction, une valeur. C'est un sentiment intime et profond qui nous dépasse ». Daoud ajoute : « Beaucoup d'enfants palestiniens sont dépressifs et perdent confiance en la vie. Leur père, frère, ou ami a parfois été tué pendant le conflit. Quand ils en viennent à ne plus espérer, c'est que nous avons manqué quelque chose ! Nous avons décidé d'organiser des séjours de vacances, afin qu'ils se reconnectent à leur élan de vie. Nous ne savons pas de quoi demain sera fait, mais nous les encourageons à vivre intensément le moment présent, en offrant autour d'eux leurs trésors et leur potentiel. »

Daoud continue de tailler les arbres. Je fais ce constat : « C'est vrai qu'ils ont belle allure après leur petite coupe. Tu es le coiffeur de la nature ! » Il rit. Les arbres ont l'air de se tenir droits et fiers. Daoud et sa famille permettent peut-être la même chose aux enfants de leur communauté : après avoir été meurtris, s'ancrer, trouver la paix pour se relever et s'ouvrir à d'autres horizons. Daoud, par son lien avec la terre, renouvelle sans cesse son espérance que tout renaisse à nouveau. À la lumière du coucher de soleil, ne voyant plus que sa silhouette, je respire profondément en m'imprégnant de ce moment. Les jours passent et il est déjà temps pour moi de partir.

À partir du deuil, défendre la vie et témoigner

Aujourd'hui, je pars rencontrer Wajeeh Tomeezi, que je retrouve dans un joli restaurant de Beit Sahour. Il vient me parler de l'association Parent's circle, Cercle de parents, dont il fait partie depuis 2001. Cette association rassemble des personnes qui ont perdu un enfant ou un proche dans le conflit. Je suis un peu mal à l'aise. J'ai jusque-là rencontré beaucoup de personnes qui ont traversé de terribles conflits, mais très peu m'ont réellement confié la perte d'un proche. Comment vais-je aborder le sujet avec Wajeeh ? Finalement, ce dernier m'explique son engagement dans l'association et, progressivement, il me parle de son histoire. Attentive, je l'écoute :

« En 1990, nous nous étions rassemblés en famille pour célébrer l'Aïd. Nous étions tous réunis autour de ma maman, dans la joie, l'amour et les rires. C'était très beau. Puis nous avons entendu une grande détonation. Une bombe venait d'exploser dans le village. Ma maman m'a regardé, les yeux traumatisés et m'a dit : "Va chercher ton frère !" Ce dernier, âgé de 11 ans, était parti jouer dans la rue avec ses copains. Tu sais, ce drôle de sentiment que seules les mères ont quand elles sentent qu'il est arrivé quelque chose à leur enfant… Ma maman l'a ressenti. Sur les lieux de l'explosion, j'ai demandé, paniqué, où était mon frère. Quelqu'un est venu me mettre une main sur l'épaule : "Il est mort, Wajeeh." Il est difficile de décrire la sensation que ces mots peuvent provoquer. À ce moment-là, je voulais me venger ! Mais je ne connaissais pas l'Israélien qui l'avait tué et cela n'allait pas faire revenir mon frère. J'ai pensé à un livre écrit par un Libanais, qui avertissait : "Si tu prépares ta vengeance, prépare deux tombes : l'une pour lui, l'autre pour toi." La vengeance entraîne la vengeance et j'allais sûrement mourir à mon tour. Et après, qu'est-ce que ça allait changer ? Cette phrase m'a énormément marqué. J'ai décidé d'abandonner cette idée. Mais que faire ? Je ne pouvais rien faire. J'étais sidéré. La vie a continué. Onze ans plus tard, en 2001, deux de mes cousins avec un bébé de 4 mois ont été fusillés dans leur voiture. Quand je suis allé sur les lieux de l'attaque et que j'ai vu ce bébé éventré, j'ai eu un choc : "Combien de morts encore, dans ma famille, dans ma communauté, dans le monde ?" Il fallait cesser ce massacre ! »

Wajeeh poursuit : « Je crois en Dieu et je pense que chaque vie humaine est précieuse. Je me suis alors demandé comment agir. Grâce à mes recherches, j'ai découvert l'association Cercles de parents. Elle regroupe des personnes qui ont perdu un membre cher de leurs familles dans ce conflit et qui font le choix d'aller comprendre l'autre partie. Ce n'est pas facile, tu sais, de rencontrer quelqu'un qui représente la communauté de celui qui a tué un ou plusieurs de tes proches ! » Cela me fait des frissons. Est-ce que je serais capable de faire ce pas ?

Wajeeh, pensif, me confie : « J'ai beaucoup hésité. Mais j'ai décidé d'aller les rencontrer. » Il me regarde : « Je ne voulais pas devenir leur ami mais leur parler de ce qui s'était passé pour moi. Je voulais qu'ils entendent ma détresse ! Je leur ai tout dit ! » Il s'arrête un instant : « Puis je les ai écoutés. En parlant de nos colères et de nos blessures, le mur qui était en moi et entre nous est tombé. Nous ne pouvions plus nous voir seulement comme des Palestiniens ou des Israéliens ennemis. Nous nous sommes découverts comme des êtres humains qui souffraient. Des liens se sont créés. Nous sommes devenus amis. » J'observe Wajeeh avec attention et son visage me touche. Comment, dans le deuil le plus profond, a-t-il réussi à oser la rencontre ? Finalement, j'ai l'impression qu'elle a contribué à lui redonner goût à la vie.

Wajeeh affirme : « Ces rencontres ont été comme une porte que j'ai ouverte pour me libérer. Je voulais désormais aider les autres à faire de même ! J'ai décidé d'aller témoigner avec des membres de l'association dans des collèges-lycées. Automatiquement, nous parlons du contexte où nous nous trouvons. Lors d'une rencontre, j'ai partagé aux élèves des humiliations que j'ai subies : un jour, un soldat m'a demandé de baisser mon pantalon à un barrage, alors que ma femme et mes enfants étaient dans la voiture. J'ai refusé de le faire. Le soldat a braqué son arme sur moi. J'ai confié aux élèves : "Je l'ai fait. J'ai baissé mon pantalon. Imaginez ce que j'ai pu ressentir…" Un des étudiants s'est levé, m'a regardé droit dans les yeux et a répondu : "Si j'avais été à sa place, j'aurais fait bien plus que cela. — Pourquoi ? — Parce que vous êtes des terroristes et vous méritez pire !" Je l'ai regardé attentivement, puis je lui ai demandé : "Imagine qu'en allant de chez toi au lycée, tu sois dans cette situation, avec ton petit frère ou ta petite sœur, qu'est-ce que tu ressentirais ?" Il est resté dubitatif quelques instants. Puis il a fondu en larmes. Il est alors venu s'excuser de tout ce qu'il m'avait dit et m'a serré dans ses bras. Si je peux toucher ne serait-ce qu'un jeune comme cela, j'ai réalisé ce que je souhaitais… Nous sommes là pour construire des ponts au-dessus de rivières de sang. Je crois aux actions du peuple pour faire évoluer les mentalités. C'est ainsi que le changement aura lieu, progressivement ! La clé, c'est d'aller se rencontrer ! Ce jeune avait pour seule image des Palestiniens celle d'être terroristes ou travailleurs illégaux en Israël. Il ne pensait pas que je pouvais lui ressembler. »

Je reste silencieuse, émue d'entendre comment Wajeeh a transformé la haine en une force d'action. Les conflits effacent souvent les individualités et rendent extrêmement difficile le fait de se reconnaître comme semblables. Pourtant, par l'ouverture de cœurs qui saignent, la transformation peut toujours s'opérer… Daoud et Wajeeh nous montrent qu'ils ont eu besoin de temps pour traverser leur désert intérieur. Mais un jour, plutôt que de laisser le contexte dessiner macabrement leur avenir, ils ont fait le choix d'agir pour eux et la collectivité, afin de promouvoir la défense de la vie.

La paix, tout un chemin

Mon séjour se termine déjà. Il a pourtant duré plus d'un mois et demi. J'ai vécu des moments forts et parfois éprouvants. Je vais avoir besoin de recul pour intégrer tout ce que j'ai vu, senti et entendu, en Israël comme en Palestine. Il est temps pour l'instant de me rendre à l'aéroport de Tel Aviv. J'arrive au contrôle. Deux jeunes agents israéliens me regardent avec un sourire crispé en découvrant mon passeport. Ils appellent un officier apparemment plus gradé, qui semble avoir oublié son sourire au vestiaire. Pantalon noir, pull noir, cheveux noirs, sourcils noirs, yeux noirs. Il me fusille du regard. J'ose le saluer :
— Shalom.
— Qui vous a appris l'hébreu ?
— Des amis rencontrés en Israël.
— Je veux des noms.

Le ton est donné. Commence alors une série de questions pour savoir ce que j'ai fait en Israël, à qui j'ai parlé, et dans tel pays, combien de temps je suis restée, qui j'ai rencontré, des noms, il veut des noms, encore des noms... « Êtes-vous sortie des frontières d'Israël ? » Je sais ce que cela signifie. Il veut savoir si je suis allée en Palestine. Je balbutie :
— Je suis allée à Bethléem...
— Et Ramallah, combien de jours à Ramallah ?

Que sait-il réellement de mon séjour ? Des endroits où je suis allée ? Cet inspecteur enchaîne les questions à vive allure, il me presse pour répondre, j'ai à peine le temps de respirer. Je sens en moi la colère qui monte. Puis les questions traditionnelles : « Avez-vous une bombe dans vos affaires ? Quelqu'un a-t-il fermé votre sac en dernier ? »

Après un long interrogatoire, il décide de me laisser passer. Je rejoins la file des voyageurs pour mon enregistrement. Je n'ose plus vraiment bouger. Je me sens épiée. Est-ce que je tombe dans la paranoïa ? Au guichet, l'hôtesse m'invite à déposer mon sac dans un lieu particulier. « Votre sac n'est pas à la bonne dimension. » Quelques personnes sont là. Vont-ils le fouiller ? J'hésite, je leur laisse puis je m'en vais. J'arrive ensuite au contrôle des bagages à main. Un agent m'indique : « Pour vous, c'est là-bas ! » Suis-je privilégiée ? Non… Sûrement pas… Je retourne mon passeport et vois un code couleur collé au dos. Je sais ce que cela signifie. Je fais partie des personnes suspectes. À ce nouveau contrôle, je dois répondre à de nouvelles questions. Puis être moi-même fouillée. Mes affaires sont minutieusement auscultées, ils prennent mon ordinateur, peut-être vont-ils copier mes données ?… Puis ils embarquent ma peluche, mon petit BIM. Alors là, je ne peux pas me retenir : « Il est très important pour moi ! Ne le gardez pas ! Il est le lien avec mes neveux et nièces, avec les enfants du monde entier. » Mes tripes se tordent en pensant que BIM, symbole d'innocence, puissent lui aussi être suspecté, comme si j'avais pu cacher une grenade ou une arme dans son ventre douillet. J'imagine tous ces parents de pays divers et variés, dans un contexte sous haute tension, qui doivent subir cela quotidiennement avec leurs enfants. Les contrôleurs me font attendre, pieds nus, la chevelure éparpillée, aux yeux des touristes qui passent en me regardant. Je bouillonne. Au moment de repartir, la colère en moi explose. C'est injuste ! Pourquoi cela ? Je me surprends à être en colère contre tous les Juifs « traditionnels » de l'aéroport que je vois. Par ces contrôles, le regard de cet inspecteur rongé par la haine et la méfiance, par la fouille corporelle et matérielle, je me sens jugée et humiliée. Je me sens coupable. Coupable de quoi ? D'avoir des amis arabes ? D'être allée dans certains pays, d'avoir mis les pieds en Palestine ? Je me sens comme complice de terroristes. Je bouillonne encore.

Je dois monter dans l'avion. Je m'assois. Nous décollons. Je pleure. Je pleure tellement. Je prends conscience que je viens de passer plus d'un mois et demi en Israël et Palestine pour rencontrer des personnes qui œuvraient pour la paix, pour la non-violence et pour créer des ponts. Et je repars remplie de colère. Quelle déception… Tout cela pour ça ? Je m'accuse intérieurement : « Bravo, tu veux témoigner de la force de la paix et tu repars, après un contrôle, en détestant tout le monde ? » Je suis découragée. Tout cela ne sert à rien. Vraiment à rien. Je n'arrête pas de pleurer. Une phrase de Gandhi me revient à l'esprit : « Tant que nous sommes des êtres incarnés, la non-violence parfaite n'est qu'une théorie [...], mais nous devons nous efforcer de nous en rapprocher à chaque instant de notre vie[1]. »

Je respire profondément. Je tente d'accueillir ce qui se vit en moi. J'ai des émotions fortes et je ne peux pas les étouffer. Je réalise que la colère ou la peur entraînent rapidement la stigmatisation et la généralisation.

J'essaie de comprendre quel message ces émotions veulent me donner. Toute cette injustice accumulée et étouffée, en découvrant une partie de la réalité vécue en Palestine, ressort en cascade. Je ressens de la colère face à des systèmes oppresseurs, à des peuples opprimés, en Palestine ou ailleurs, avec des libertés contrôlées. Je ressens de la peur d'imaginer où cela peut nous mener. De la tristesse de voir que la paix est si difficile à être envisagée, et cela au prix de tant de vies déchirées, sacrifiées.

Je repense à toutes ces personnes juives et israéliennes que j'ai rencontrées pendant mon voyage : Émile, Lucien, Gershon, Roni et tellement d'autres, que j'affectionne beaucoup. Je les vois m'écouter, me parler. Échanger. Ils me font du bien. Ils m'aident à arrêter de ressasser. Je repense à Wajeeh face à l'élève qui a fondu en larmes et qui est venu le serrer dans ses bras. Je repense à cet inspecteur et essaye de voir, derrière son cœur de pierre, son cœur de chair. Qu'a-t-il comme conception de l'autre, comme peur ou comme blessure en lui, pour agir comme cela ? Je repense à Roni qui réfléchissait à ce qu'elle allait dire à ses enfants partant faire leur service militaire. Je repense à toutes ces femmes, ces Women Wage Peace, qui se

---

1. *The Collected Works of Mahatma Gandhi*, vol. 43, Ministry of Information and Broadcasting Government of India, Ahmedabad, 1971, p. 2-8.

réunissent pour protester. Je repense à Melhem, à ces ouvriers qui travaillent ensemble après s'être entre-tués, aux jeunes de communautés opposées accompagnés par Rita, qui ont pu se comprendre parce qu'ils se sont écoutés et respectés, aux ambassadeurs de la paix formés par sœur Mariam an Nour, là où un bain de sang a coulé.

Ce que je réalise par cette expérience, c'est que même convaincus par la nécessité et la beauté de la paix, nous ne sommes pas invincibles. Nous restons fragiles. Nous pouvons nous aussi être ébranlés, affectés, découragés. Nous pouvons nous aussi tomber dans la peur, la colère ou l'animosité. Mais ce qui est magnifique dans cette épreuve, c'est que je découvre que c'est par les autres, grâce aux autres, avec les autres, semblables ou différents, que je peux avancer. La paix, comme le disait Ogarit, commence à l'intérieur et se construit ensemble, à l'extérieur : par la rencontre, l'écoute et le soutien, par le choix de la non-violence et de l'action. C'est tout un chemin. Et quel chemin pour créer des ponts...

PARTIE 2

« LE PARDON, C'EST COMME LE PAPILLON »

*Maroc, Kenya, Rwanda,
République démocratique du Congo, Afrique du Sud*

Maroc

En route vers Midelt

Me voilà au Maroc, à la Porte bleue appelée Bab Boujeloud, accueillant habitants et touristes par son amoncellement délicat de mosaïques. Je m'aventure dans la médina de Fès et traverse le petit marché. Le vendeur de galettes attire les clients par la seule odeur de son pain chaud. Quelques poules caquettent dans leurs cages. Ici et là, des parfums de brochettes et de poulets grillés attisent mon appétit. J'arrive enfin à Dar Medhi, tenu par Mourad, que j'ai rencontré il y a quelques années. Son riad, à l'écart de l'agitation de la médina, respire la paix. J'y dormirai ce soir. Mourad m'accueille avec son beau sourire. Nous échangeons des nouvelles en savourant un thé à la menthe doux et sucré. Avant de partir pour un bain d'évasion, il me questionne: «Ça te dit un tagine ce soir?» J'en ai déjà l'eau à la bouche.

Dans les ruelles pavées, les commerçants ont étalé leurs marchandises... Sacs, poufs, lanternes, bijoux, sandales et djellabas éclatent de couleur. Certains discutent en attendant leurs clients. J'aime tellement cette atmosphère! Je prends mon temps en me dirigeant vers les incroyables tanneries de Fès. Là-bas, une infinité de petites cuves pleines de colorants naturels se succèdent: rouge, jaune, ocre orangé. Elles servent à teindre le cuir avant qu'il ne soit séché pour la maroquinerie. Des artisans travaillent au soleil harassant. À mon retour, face à la montagne ocre qui resplendit au crépuscule, le tagine est servi. La musique choisie par Mourad nous emporte tous au pays des mille et une nuits.

Au petit matin, il est temps pour moi de reprendre la route, direction Midelt. Arrivée à la gare routière, je repère le bus qui va m'y conduire. Un garçon d'une douzaine d'années monte dans le véhicule, un panier sous le bras. Ses yeux d'un vert déconcertant se posent sur mon carnet de voyage. Il me demande ce que je fais. En souriant, je lui montre quelques pages où je tente de rendre indélébiles mes sensations et mes pensées. Il me vend un éventail pour m'apporter un peu d'air dans ce trajet qui s'annonce étouffant. Une famille arrive et s'installe près de moi. Mon compagnon de route, Sidylle, 8 ans, est très calme. Sa petite sœur, assise devant nous, passe sa main couverte de henné à travers les sièges pour jouer avec lui. Nous partons. J'admire les arabesques dessinées sur ses doigts comme une poésie. Je m'endors contre la vitre. Le soleil se glisse entre les rideaux et envahit de lumière mes yeux fermés. À mon réveil, la maman m'offre de délicieux gâteaux sucrés. J'aime le naturel de cet accueil que j'ai plaisir à trouver dans la culture de ce pays et de tant d'autres contrées du monde.

Après de longues heures de route, je reconnais Midelt à l'emblème de la pomme, suspendu au cœur de la ville. C'est la troisième fois que je viens ici. Lors de mon premier séjour, en 2016, organisé par mon ami Lulu et un groupe du Jura, nous avions eu la chance de rencontrer frère Jean-Pierre, dernier survivant des moines de Tibhirine. Ces derniers ont vécu très longtemps en Algérie jusqu'à ce que la guerre civile éclate dans les années 1990. Dans la nuit du 26 au 27 mars 1996, sept moines ont été enlevés. Dans la nuit du 21 au 22 mai, ils ont été tués. Seuls frère Jean-Pierre et frère Amédée ont échappé à ce rapt.

Lors de notre séjour, frère Jean-Pierre nous avait livré le récit de sa vie en Algérie et parlé du pardon. J'avais été bouleversée par la douceur et la paix intérieure qu'il dégageait, par son humilité, ses paroles d'amour et sa foi immense en Dieu. Il était pour moi essentiel de revenir ici pour m'imprégner de son message, dans le cadre de mon projet. Je descends du bus et arrête un taxi: «Kasbah Meriem, s'il vous plaît.» Très vite, me voici à la porte du monastère. Je sonne. Omar, gardien du lieu, m'accueille. C'est l'heure de l'office. J'entre discrètement. Ils sont tous là. Ils prient. Toujours à la même place. Je suis si heureuse d'être ici.

Après une belle nuit de sommeil, à 10 heures du matin, Omar frappe à ma porte. C'est l'heure du thé. J'aime tellement ce moment! Je retrouve «frère Jean-Pierre le jeune», prieur du monastère, et les moines Antony, Antoine, Nuno et José-Luis qui me saluent joyeusement. Quelle joie de les retrouver! Arrive frère Jean-Pierre Schumacher, dit «Jean-Pierre l'ancien», arqué sur sa petite canne et les yeux pétillants. Du haut de ses 94 ans, il garde un air malicieux, tel un enfant se mêlant au vieux sage. Avec son sourire au coin des lèvres, il me dit: «Alors, tu es de retour?» Un thé à la menthe fumant et de fines tartines confectionnées par Omar accompagnent nos retrouvailles et le partage des nouvelles. Frère Jean-Pierre m'interroge sur le début de mon voyage. Je lui raconte ce qui m'a remplie d'espoir et ce qui m'a ébranlée. Je lui confie des témoignages remplis d'audace, suivie d'actions concrètes, et d'autres pleins de souffrances et de colères. Je lui parle de la détresse de plusieurs amis dans le monde qui ne voient pas d'issue à la situation désastreuse de leur pays, de la difficulté de garder espoir quand l'épreuve est longue et que tout, autour d'eux, semble anéanti. Frère Jean-Pierre me regarde avec ses yeux bleus remplis de paix et de sagesse et me dit: «C'est là que le combat commence. Là où la raison ne peut plus y croire, il faut mettre l'espérance. Ce n'est que comme cela que les choses peuvent changer.» Par ces quelques mots, il commence déjà à me livrer son témoignage.

Le pardon et le papillon

Quelques jours plus tard, j'ai rendez-vous avec frère Jean-Pierre. Je l'attends. Je savoure le soleil qui me berce. L'air est doux. Un vent léger caresse mon visage. Soudain, un magnifique papillon se pose non loin de moi. Surprise, je m'approche doucement. Jaune vif et noir luisant, il semble porter la robe de l'ombre et de la lumière. Il se tient paisible, digne, délicat. Fascinée, je l'observe avec attention.

Un moine m'interpelle : « Rachel, frère Jean-Pierre est arrivé. » Je pars à sa rencontre. Nous nous installons dans le petit salon meublé d'une table et d'un sofa. « Bismillah », murmure frère Jean-Pierre pour ouvrir notre rencontre. « Au nom de Dieu. » « Tu vois, nous avons vécu en terre d'islam avec mes frères : nous y avons établi, en Algérie comme au Maroc, des relations très fortes. J'aime utiliser leur vocabulaire ! » me dit-il en souriant. À Tibhirine, j'ai connu l'amitié avec les musulmans grâce au "Ribat es-Salam", qui signifie "le lien de la paix". C'était un espace de rencontres entre les soufis d'une communauté voisine et nous, les moines, pour prier ensemble. Il portait bien son nom ! Au début, j'ai trouvé cela curieux... Puis j'ai découvert que leur manière de prier ressemblait beaucoup à la nôtre ! Nous évoquions souvent ensemble un dessin représentant un chrétien et un musulman qui montent sur une échelle. Plus ils arrivent vers Dieu, plus ils se rapprochent l'un de l'autre. » Frère Jean-Pierre évoque l'intensité de leurs échanges et cite la réflexion faite un jour par un soufi : « Si nous continuons ainsi, où est-ce que cela va nous mener ? »

« De fait, nous étions devenus plus que des frères ! ajoute frère Jean-Pierre avec beaucoup d'émotion. Tout comme la relation que frère Luc, médecin, avait créée avec les habitants du village : nous étions devenus frères et sœurs en humanité. » En l'écoutant, je ressens à quel point ces temps ont été fondateurs pour lui et devine qu'il veut nous appeler à faire l'expérience du vivre-ensemble.

— C'est pour cela que nous sommes restés en Algérie : au nom de l'amour et de l'amitié. Nous ne pouvions pas les abandonner.

— Oui, puis tu as été confronté à l'enlèvement et la mort de tes frères. Est-ce que tu accepterais de me parler du pardon ?

Frère Jean-Pierre me répond :

— J'ai apporté un poème à ce sujet, pour notre échange ! Il a été écrit par Gérard Bessière. Ça te dit ?

De sa voix frêle, douce et assurée, il commence à lire :

> Pardonner.
>
> Ceux qui pardonnent sont les guérisseurs de l'humanité.
>
> Plutôt que de ressasser l'offense ou le dommage, plutôt que de rêver de revanches ou de vengeances, ils arrêtent le mal d'eux-mêmes.
>
> Pardonner, c'est l'acte le plus puissant qu'il soit donné aux hommes d'accomplir.
>
> L'événement qui aurait pu faire grandir la brutalité dans le monde sert à la croissance de l'amour.
>
> Les êtres blessés qui pardonnent transforment leurs propres blessures.
>
> Ils guérissent là où ils sont, la plaie qui défigure le visage de l'humanité depuis ses origines : la violence.

Je n'écoute pas la fin du poème. Je sens mon cœur qui tambourine. Ces mots résonnent comme une ode profonde au pardon me laissant effleurer quelque chose de tellement puissant, qui me dépasse...

Frère Jean-Pierre me regarde : « Tu vois, pardonner permet de guérir la violence dans laquelle nous sommes tous pris et de transformer les blessures en fruits. C'est cela qui transforme l'humanité. » Mon cœur se serre en l'écoutant. Moi-même, je suis éprouvée, blessée, et je n'arrive pas à pardonner. Des événements m'ont ébranlée. Je voudrais oublier, vivre comme si rien ne s'était passé. Je voudrais avoir le pouvoir de revenir en arrière et refuse d'accepter les faits qui me causent tant de souffrances. Mais je ne peux pas... Je fais partie de ces écorchés qui donnent l'illusion que tout va bien quand une partie de moi est déchirée. C'est comme un venin avec lequel je lutte pour limiter la contamination. Je me bats contre lui sans succès. Je n'y parviens pas. Je voudrais parfois forcer le pardon, pour être libérée ou peut-être me donner bonne conscience. Mais je n'y arrive pas. Je suis pleine de colère face à ce qui m'a atterrée. Le comble dans tout cela, c'est que je me juge alors, de ne pas arriver à pardonner.

Au Liban, Melhem Khalaf m'avait regardée dans les yeux comme s'il savait ce que je portais. Il avait prononcé ces quelques mots : « Vouloir pardonner, c'est déjà pardonner. » Cela m'avait tellement soulagée. J'avais compris alors que d'avoir la volonté de pardonner, même sans y arriver, c'était déjà être en chemin. Cela m'évoque la confidence d'un jeune[1] : « Ma maman nous a appris à pardonner, mais elle n'a jamais pu le faire ! » Cette femme a enseigné à ses enfants ce à quoi elle aspirait sans parvenir à cette étape. Quelle force et humilité... Peu à peu, je reprends mes esprits et mon questionnement :

— Mais toi, Jean-Pierre, comment as-tu réussi à pardonner à ceux qui ont tué tes frères ?

— En ce qui nous concerne, le pardon était donné d'avance. Nous savions que la situation était à haut risque et nous nous étions préparés à cette possibilité d'être kidnappés puis tués, comme cela avait déjà été le cas pour d'autres communautés. Notre choix de rester avait été mûri et se révélait plus fort que la peur de la mort. Le film *Des hommes et des dieux*, qui retrace notre histoire, relate très bien notre cheminement.

— Mais tu n'avais pas peur de mourir ? Comment te préparais-tu à cette éventualité ?

Frère Jean-Pierre rit et me répond :

— J'ai imaginé de nombreux scénarios sur la venue des ravisseurs. Je pensais qu'ils pouvaient arriver au cours d'un repas. J'avais prévu alors me lever avant qu'ils n'arrivent à moi et me mettre à danser en chantant les paroles de saint Jean, chapitre 12, verset 24 : « Si le grain de blé tombé en terre ne meurt pas, il reste

---

1. Jeune appartenant au groupe encadré par Rita au Liban.

seul ; mais s'il meurt, il porte beaucoup de fruit[1]. » Je m'entraînais parfois en cachette dans la cuisine ou dans ma cellule !

Je regarde frère Jean-Pierre, stupéfaite :

— Tu t'es entraîné en imaginant danser quand vos ravisseurs allaient venir vous chercher ? Ça alors !

— Oui ! Ce chant est dansant. Je le dansais à trois temps, comme une valse !

Je n'en crois pas mes oreilles. Il rit en secouant les épaules.

— Tu sais ! Christian, notre prieur avait même écrit dans son testament ceci…

Frère Jean-Pierre feuillette le livre *L'invincible espérance*[2] qu'il a amené. « Attends que je retrouve le passage… Ah oui, page 224. Ici… Lis ! »

Je m'applique :

— « Et toi aussi, l'ami de la dernière minute, qui n'aura pas su ce que tu faisais. Oui, pour toi aussi je le veux, ce MERCI, et cet A-DIEU en-visagé de toi. Et qu'il nous soit donné de nous retrouver, larrons heureux, en paradis, s'il plaît à Dieu, notre Père à tous deux. Amen ! *Inch'Allah*[3] ! »

— Tu te rends compte ? reprend frère Jean-Pierre. Si celui qui l'a tué avait lu cela, il aurait pu tomber à la renverse ! Avant même que le crime n'ait été commis, notre prieur lui avait pardonné ! Et il l'écrit avec tellement d'amour !

Frère Jean-Pierre m'évoque cette règle : « Hais le vice mais aime la personne ! » Il m'explique : « Cela ne signifie pas de fermer les yeux sur ce qui s'est passé, mais au contraire de regarder les faits, et ensemble d'agir pour réparer, en distinguant l'acte de son auteur. Car en tout être où il y a de la violence, il y a de la souffrance, poursuit-il. L'autre est le premier blessé.

---

1. Les moines chantent ce passage à l'office de sexte durant le Carême : « Le grain de blé, voici qu'il tombe en terre : il germera, caché dans le sillon : le grain de blé, voici qu'il tombe en terre : force de vie, promesse des moissons. »
2. Christian de Chergé, *L'invincible espérance*, Bayard, Paris, 2010.
3. Formule utilisée par les croyants musulmans pour dire : « Si Dieu le veut ».

Mais comme le dit Guy Gilbert : "En tout homme, existe aussi un diamant qui n'a pas été abîmé. Par notre attitude, nous pouvons éveiller en l'autre ce qu'il a de meilleur en lui. Il va alors lui-même se surprendre en découvrant sa propre valeur, car tout le monde est appelé à laisser croître l'amour en lui !" »

C'est incroyable d'entendre ces paroles de frère Jean-Pierre qui a connu des drames immenses, et celles de frère Christian, avant d'être tué. Comment est-il possible d'avoir autant d'amour envers l'autre, quand ce dernier commet le pire ? Quel regard ! Jean-Pierre continue :

— Christian savait « envisager » l'autre. Envisager, c'est regarder le visage de l'autre avec bienveillance et espérance. Et avec ce regard, le toucher en plein cœur. C'est ce qu'il avait fait quand Sayah Attiya, chef du groupe armé, était venu, un soir de Noël, frapper à la porte du monastère. Par son regard, Christian l'avait désarmé.

J'ose lui demander :

— Crois-tu qu'ils sont larrons heureux ensemble, maintenant ?

— Peut-être ! Je ne sais pas où en est celui qui l'a tué mais je souhaite qu'ils se retrouvent… Il ajoute, avec un sourire au coin des lèvres :

— Moi aussi, j'espère un jour être larron heureux avec eux ! Il rit, avec son air humble et malicieux. Je vois dans ses yeux la joie de penser à ce moment-là.

Un long silence précède la suite de sa réflexion :

— Dans tous les cas, l'amour aura le dernier mot, ici ou au-delà. C'est sûr !

Je lui glisse :

— Par ton témoignage, tu m'apprends déjà beaucoup à ce sujet !

— Moi ? Je suis tout petit, assis au premier rang dans la première classe, à l'école de l'amour !

Quelle humilité… Ensemble, nous rions. En regardant le poème lu au début de notre rencontre, frère Jean-Pierre ajoute :

— Le pardon, c'est comme le papillon. Si on lui touche les ailes, il peut mourir. Mais quand il s'envole, ses ondes peuvent avoir un impact jusqu'à l'autre bout du monde! Quand nous sommes blessés, nous nous sentons fragiles, faibles et impuissants. Mais dans notre cœur, nous pouvons avoir la force du papillon. Le pardon dépasse alors la relation interpersonnelle pour s'offrir au monde entier.

Le pardon est à la fois universel et personnel. Son pays est le cœur de l'être humain. Quelles que soient mon histoire, ma culture, ma religion, ma vie, il m'est proposé de l'expérimenter. Il rit en me voyant dubitative! Je lui dis: «Jean-Pierre, pendant que je t'attendais tout à l'heure, un magnifique papillon est venu se poser près de moi!» Il rit de plus belle: «Il est venu pour te signifier cela!» Je repense à ma réflexion en voyant ce papillon. Je le voyais paisible, digne, et délicat. N'est-ce-pas la juste propriété du pardon: apaiser, rendre digne et délicat? Je repars troublée par cette étrange coïncidence...

Un drôle de nettoyage

Quelques jours plus tard, un virus cloue au lit plusieurs moines et pèlerins. Je semble épargnée jusqu'à ce matin où mon estomac se tord de douleur, comme déchiqueté par des lames de cutter. Aussitôt, les amis arrivent, m'offrent un peu d'eau, une couverture et tentent de me faire sourire. Karim, en retraite ici, propose de rester à mes côtés. Au fil de la conversation, il commente:

— C'est surprenant la virulence de ce virus en toi! Peut-être qu'au-delà de la contagion, c'est un grand nettoyage que tu es en train de vivre.

— Que veux-tu dire?

— Je veux dire... Peut-être que tu portes en toi quelque chose de douloureux qui a besoin d'être lavé au cours de ton long voyage.

Éberluée, je regarde Karim. Comment sait-il ? Je lève les yeux. Au-dessus de moi, apparaît un signe qui me lie à la personne qui m'a blessée… Je fonds en larmes. Si Karim a raison, le nettoyage est aussi violent que la douleur. Vais-je réussir à faire le pas ? Je repense au témoignage de frère Jean-Pierre, rempli de confiance. En attendant de devenir papillon, je dois construire ma chrysalide. Je reste alitée, éprouvée, vidée. Tous ici veillent sur moi. Quelques jours plus tard, après avoir recouvré la santé, je vais chez Fatima :

— Alors, ça va mieux ? demande-t-elle en apportant un couscous odorant.

— Oui, beaucoup mieux ! Tout le monde a pris soin de moi !

— *Hamdullah* ! se réjouit-elle en versant le jus sur les légumes fumants.

J'ai rencontré Fatima, Addi et leurs enfants la première fois que je suis venue ici, à Midelt. Depuis, nous sommes devenus amis. Addi est encore à l'étage, au café dont il est propriétaire avec son fils Medhi. Leurs filles, Nadia et Marya, sont assises à mes côtés. Elles ont dans le regard une douceur qui donne du baume au cœur.

Fatima a voulu organiser un repas pour fêter mon rétablissement, pratique courante chez les musulmans. Elle pose une grosse cuillère devant chacune d'entre nous pour manger ensemble dans le plat commun. Quel bonheur de pouvoir déguster un repas aussi délicieux après quelques jours passés au régime forcé ! Toutes les saveurs explosent dans ma bouche en fête. C'est à la fois doux, chaud et délicatement épicé. Je savoure à mille pour cent ! « C'est excellent, Fatima. » Elle sourit. Me viennent alors en tête tous ces plats communs que j'ai savouré au fil de mes voyages, sur une terrasse, à l'ombre ou dans un salon. Je me rappelle la première fois que j'ai fait cette expérience. J'étais alors au Sénégal avec mon ami Ousmane, au cœur des îles du Sine Salum, non loin de la mer, dans une cour familiale jonchée de coquillages. Ce jour-là, en présence de quelques amies françaises, il nous avait appris la sagesse de ce partage : « Vous devez manger ce qu'il y a devant vous et non aller vous servir dans une partie qui vous semblerait plus attirante. En revanche, si vous avez les morceaux les plus savoureux, vous devez les partager avec les autres. L'idée est de veiller au bien-être de chacun. » En y repensant, cette image pourrait être utilisée à l'échelle du monde. Si seulement nous apprenions à partager nos richesses plutôt que d'aller exploiter celles des autres ! Nous terminons le repas. Au moment de les quitter, en les remerciant, je les informe que je partirai demain.

— Déjà ?
— Oui ! De nouvelles aventures m'attendent ailleurs.
— À bientôt, *inch'allah* ! me dit Fatima.

Le lendemain, je bois le thé une dernière fois avec les moines. Nous rions des moments passés ici. Chacun me donne ses recommandations, ses « bonjours aux amis » et m'assure de ses prières. Je remercie avec émotion frère Jean-Pierre pour ses précieuses paroles, inscrites dans mon cœur. Il me souhaite beaucoup de paix pour réaliser ce beau projet. Je sens cette force et cette joie qui nous relient. Ici, j'ai pu prendre le temps de me ressourcer, de prier, de méditer. C'était essentiel et il me faut continuer. Je salue Barra, la cuisinière et Omar. Chacun dans mon cœur, je m'en vais, direction le Kenya.

Kenya

Chez les Samburu

Me voilà à Nairobi, sur la route, direction le nord du pays, rejoindre la tribu Samburu. Ce peuple, semble-t-il, ressemble beaucoup au peuple massaï. À bord d'une ancienne ambulance réhabilitée en une somptueuse jeep blanche, nous quittons la capitale avec Memo, jeune prêtre colombien, Jenifer une religieuse qui loge dans un village voisin de notre destination, et Bonifacio, un homme du village de Barsaloï où nous allons. Nous partons pour cinq cents kilomètres dont la moitié de piste et une dizaine d'heures de route.

Memo nous met dans l'ambiance en lançant les Beatles. Nous haussons la voix pour qu'ils m'expliquent ce qu'est la culture Samburu. Quelques heures plus tard, nous nous arrêtons. Memo et Jenifer doivent faire les réserves pour le mois. Alors qu'ils sont occupés à acheter les vivres, deux petites filles me regardent de l'autre côté de la route. Je leur fais un signe de la main. L'une d'elles, 2 ans environ, vêtue d'un petit pull rouge, tressée de nattes en palmier sur la tête, rigole et me répond. Je lui fais à nouveau un signe qu'elle répète *illico*. Nous entrons alors dans un petit jeu de miroirs qui la fait tellement rire que cela m'incite à continuer. D'autres enfants curieux se rassemblent autour d'elle. Les courses de Memo et de Jenifer s'éternisent. La musique samburu que Bonifacio a choisie est entraînante. J'esquisse quelques pas de danse. Les filles rient aux éclats! Dans mon élan, j'invente une chorégraphie qu'elles tentent avec succès d'imiter. Interpellés par le fou rire des enfants, des gens commencent à sortir de leurs boutiques pour découvrir le spectacle. La danse est à son apogée! Nous rions! Mais les courses sont terminées. Nous devons repartir. En voiture, dans le rétroviseur, je les vois encore s'agiter, heureuses de ce moment improvisé. Vive la vie!

Nous nous enfonçons maintenant dans les terres sacrées du Kenya! Au bord de la route, des zèbres, au loin des gazelles puis une antilope, tout près! Plus loin, des dromadaires, et ici et là, quelques vaches. J'apprends que ces dernières sont très honorées par le peuple samburu, qui considère que Dieu leur a offert toutes les vaches de la terre. Ils font donc tout pour récupérer les vaches de leurs voisins turcanas. Ce n'est pas du vol, car pour eux, c'est ce qui leur revient! Les heures passent. La nuit commence à tomber et nous nous enfonçons dans la partie la plus pittoresque du trajet. Les chemins sont échelonnés de trous, de bosses et de pierres! Memo est un as du volant sur piste, un artiste en la matière! Sur la route, il me montre les excréments d'éléphants, signe de leur présence aux alentours!

Nous apercevons en chemin de jeunes garçons, un bâton à la main, un énorme couteau accroché à la taille, et un drap noué autour des hanches.

— Qui sont-ils?

— Des *warriors*! me répond Memo. Les jeunes garçons le deviennent après leur circoncision. Ils ont pour rôle de protéger le territoire, de garder le bétail et doivent apprendre à survivre par eux-mêmes.

— Mais où dorment-ils?

— Dans la savane, en se protégeant des animaux sauvages par leurs propres moyens. Après plusieurs années de formation, ils pourront rentrer au village, à condition d'avoir créé chacun un troupeau d'au moins sept vaches, bâti sa propre maison, pour annoncer: «Je suis un homme maintenant: je peux me marier!» On l'aidera donc à trouver une femme.

J'ai l'impression d'être dans un film tellement cet univers est nouveau pour moi! Dans l'obscurité, nous voyons un groupe d'hommes assis pour un conseil de village. De fortes tensions ont lieu actuellement avec des tribus voisines.

— Que font-ils ?

— Soit ils préparent la paix, soit ils préparent la guerre.

— Si c'est la guerre, comment vont-ils faire ?

— Même si c'est illégal, ils vont se battre avec des fusils venus tout droit des militaires du Sud-Soudan ou d'autres pays voisins !

Cette réalité me heurte. Je trouve ahurissant que la première acculturation avec l'Occident se fasse par le trafic d'armes... Nous arrivons à Barsaloï. De nombreuses personnes nous accueillent avec joie. Cette grande maison est construite en terre cuite.

Simplicité, pardon et sagesse

Après quelques jours ici, je demande à Memo s'il serait possible que j'aille dormir chez une famille samburu. Stella, la sœur de Bonifacio, a accepté de m'accueillir. Ce dernier m'y conduit. Après avoir traversé le village, il m'indique du doigt un endroit plus isolé :

— C'est sa magnata, là-bas !

Cette petite maison traditionnelle est composée de branches en guise d'armature, de tôle pour les cloisons et d'un ensemble de matériaux de récupération pour le toit, reposant sur du bambou. Quand il pleut, une bâche recouvre le tout. Nous entrons dans l'enceinte de la maison, entourée d'une clôture faite d'épines.

— Elles sont énormes !

— Oui, cela sert à se protéger des jaguars ou des hyènes qui rôdent pendant la nuit !

«Ah oui ! C'est rassurant !», me dis-je pour me convaincre intérieurement. Quelques enfants sont dehors. Bonifacio s'annonce. Une voix nous répond d'un ton vif.

Nous baissons la tête pour entrer dans la petite maison sombre, contrastant avec la lumière extérieure du soleil. Je laisse mes yeux s'habituer à l'obscurité. L'espace est restreint. Je suis invitée à m'asseoir sur un petit tabouret, près du feu, là où se préparent le repas et le thé, avec une ou deux marmites. Stella me regarde avec un grand sourire laissant ressortir ses dents blanches. Elle a de grands yeux noirs et des cheveux très courts. C'est une très belle femme. Lawrence, son frère, me traduit en anglais ses paroles : « Nous sommes très heureux de t'accueillir ! Sens-toi comme à la maison ! » Stella m'ouvre grand la porte de son cœur. Je suis émue par cet accueil.

L'ambiance est chaleureuse. L'odeur du feu m'enveloppe. Les filles de Stella tentent de m'apercevoir sans se montrer. Je comprends que Stella n'a plus de mari. J'en ignore la raison et n'ose pas poser de questions. Nous nous présentons et parlons de nos pays ainsi que de nos traditions. Nous rions beaucoup de nos découvertes aussi surprenantes les unes que les autres ! Les heures passent. Les filles sont sorties petit à petit de leurs cachettes et m'ont apprivoisée, comme dirait le Petit Prince. Je fais la connaissance de Dominica, 16 ans, Jacqueline, 14 ans, Serena, 11 ans, et de Benina, 9 ans. Cette dernière est maintenant collée à moi. Elle aime toucher mes jambes mal rasées, appuyer ma peau blanche et caresser ma tignasse imposante. Dominica propose de me coiffer. Ma tête devient vite un laboratoire d'expériences et un ensemble de petites mains vient alors s'agiter pour tresser ma longue chevelure. Beaucoup plus tard, épuisées, elles partent tour à tour se reposer. Lawrence rentre chez lui. Stella, Dominica et moi nous préparons à dormir sur les peaux de mouton qui font office de matelas. Je sors le « sac à viande » de ma maman, nom donné à un sac de couchage en tissu, réalisé par ses soins.

Dominica m'annonce : « On va prier. » Toutes les trois, assises religieusement côte à côte, nous fermons les yeux. Stella évoque Ankaï, le Dieu samburu, avec beaucoup de piété. Je vois qu'elle mêle christianisme et religion traditionnelle. Dominica récite avec elle les prières. Je les écoute. Dans ce village perdu du Kenya, ce moment vécu dans l'intimité d'une magnata me fait vibrer intérieurement.

Après une bonne nuit de sommeil, j'entrouvre les yeux. Il est tôt. J'entends Stella qui s'occupe du feu et prépare le thé. Dehors, des enfants jouent déjà. À côté de moi, Dominica dort encore. Des rayons de soleil transpercent la cloison pour faire danser la fumée dans la lumière. C'est magnifique. Je prends le temps de me réveiller tranquillement et de savourer. J'entends le coq chanter et l'âne braire. L'odeur de l'allumette met mes sens en éveil. Elle me renvoie à toutes celles craquées et brûlées dans ma vie pour allumer un feu. Ce moment simple et profond se décroche du temps pour entrer dans la valse de l'éternité. Tout est là. Parfait. Suspendu. Stella arrive :

— *Serian iteperie*[1] ?
— *Serian na pe*[2] !

Dominica se frotte les yeux. Les filles viennent s'installer. Stella me donne une tasse de thé remplie à ras bord. Elle me tend aussi une assiette énorme de céréales ressemblant à du quinoa.

— Tiens, mange ! C'est pour toi !
— Tout ça ? Je ne peux pas ! C'est trop !

Dominica se joint à moi. Stella ne mange pas. Je pense qu'elle me donne tout le peu qu'elle a et ne garde rien pour elle. Je suis épatée par cette capacité d'offrir sans compter.

Lawrence, la veille, m'avait proposé d'aller garder le troupeau avec Stella, Dominica et lui le matin. Nous quittons le village, empruntons un sentier au milieu des arbres secs et épineux. Nous traversons une rivière asséchée qui peut se transformer en grand torrent, en période de pluie. Nous retrouvons le troupeau gardé par trois enfants. Depuis quand sont-ils là ? Je ne sais pas. Ils cueillent des tiges d'une plante qu'ils utilisent en chewing-gum. Ils m'en donnent une. Je goûte. Je fais la grimace. Ils éclatent de rire ! C'est très amer !

---

1. Bien dormi ?
2. Très bien dormi !

Le troupeau compte cent cinquante bêtes environ, soit celles de plusieurs familles. Être à plusieurs pour les garder permet d'éviter de se faire attaquer. Lawrence me dit : « Il y a deux semaines, Stella a été surprise par des *warriors* de la tribu des Turcanas, qui lui ont volé tout son bétail ! Ils ne lui ont laissé que la plus vieille de ses chèvres, trop âgée ! Certains se font tuer quand ils protestent ! Stella a préféré les laisser faire. Il ne lui reste qu'une biquette ! » Je comprends que Stella n'a vraiment plus rien, juste son sourire qui ne laisse rien transparaître. Le pas des chèvres qui résonne sur le sol, le carillon des cloches, les cris saccadés des bergers pour veiller sur le troupeau rythment notre marche. Nous profitons de l'ombre d'un arbre pour nous arrêter. Je demande à Stella comment elle vit la perte de son troupeau. À son tour, elle me parle de la force du pardon pour trouver la paix, m'indiquant prier pour les Turcanas. « Eux aussi vivent pauvrement. Il est important de prier pour eux également. » Perplexe, je lui réponds que je ne suis pas sûre de pouvoir avoir en moi cette capacité de pardonner, ni cette sagesse-là : « Tu vas la trouver et y arriver » me dit-elle en souriant. Sur ces paroles déroutantes, nous repartons chercher du bois. Les jours passent, au rythme de la nature.

Cela me fait du bien d'être déconnectée des réseaux sociaux. Je garde mon téléphone désactivé pour prendre des photos. Soudain, alors que Dominica s'applique pour me coiffer, une musique que je connais jailli de « nulle part ». Je regarde autour de moi, les yeux écarquillés. Les filles éclatent de rire : dans leurs mains, je vois mon téléphone. C'est une chanson de Flavia Coelho… Ma tête se bouscule pour réactiver des souvenirs que je sens intenses. C'est la chanson que nous écoutions sur la route des Balkans avec l'équipe ! Yohann me l'avait transmise. Je ne me rappelais pas que je l'avais enregistrée sur mon téléphone… Surprenant ! Décidément, même quand je me coupe du monde, ce dernier réapparaît dans ma vie… Cette musique donne encore plus un air de fête à l'ambiance du moment. Stella se lève et revient avec l'un de ses colliers de perles géants, qu'elle me passe autour du cou! Je suis honorée de porter ces bijoux traditionnels et me sens vivre pleinement.

Des confidences dans une magnata

Après notre prière du soir, toutes les âmes de la demeure s'endorment. Seules Dominica et moi continuons de chuchoter, le plus doucement possible. Nous abordons un sujet délicat. Elle me confie :
— Ici, les jeunes filles sont mariées très tôt. À 12 ou 14 ans. 10 ans parfois. Et elles sont excisées la veille de leur mariage.
— À 10 ans? Comment cela est-ce possible?
— Certains hommes veulent se marier avant qu'elles ne soient formées, pour être sûrs de pouvoir les «posséder». La plupart de mes amies sont déjà mariées et ont des enfants. Mais moi, je refuse de le faire. Pour elles, c'est une fierté, car on leur a mis dans le crâne que c'est la seule manière de devenir femme et d'exister. Elles ne se rendent pas compte que par ce choix, elles sacrifient leur avenir. D'ici quelques années, leur mari va les quitter pour se marier avec une autre, et elles se retrouveront seules pour chercher de l'eau au puits, ramasser le bois, s'occuper de la maison et des enfants… Leurs époux n'en auront plus rien à faire! Ce n'est pas une vie! Moi je ne veux pas me marier. Pas maintenant. Je veux continuer d'étudier puis choisir mon mari.

Je l'interroge :
— Mais toi, tu as 16 ans? On ne t'a jamais poussée à te marier?

Elle hésite puis me livre son histoire :
— Il y a deux ans, un homme, de 27 ans environ, est venu de Nairobi. Il a dit à ma famille qu'il voulait m'épouser et que je pourrais continuer mes études si je le souhaitais. Je ne l'ai

pas cru! Alors, je l'ai interpellé en lui demandant de me laisser étudier avant le mariage! Il a refusé! Je lui ai dit que je ne voulais pas me marier!

Dominica m'explique que les filles n'ont rien à dire dans ce genre de prise de décision. La famille a donc ignoré ses paroles et prévu le mariage pour le lendemain. Pendant la nuit, cette dernière s'est levée discrètement pour quitter la maison. Malgré la menace des bêtes sauvages, elle a marché en pleurs des heures dans la savane, avec une seule idée en tête: rejoindre le village de son grand-père à une quinzaine de kilomètres de Barsaloï, pour lui demander du soutien. Au petit matin, en le trouvant, elle s'est exclamée: «Ils veulent me marier! Je ne veux pas! Aide-moi!» Mais la réponse ne fut pas celle qu'elle attendait. Son grand-père lui a rétorqué qu'elle ne pouvait pas aller à l'encontre de ce qui avait été décidé pour elle! Et il l'a ramenée au village. C'est ainsi que Dominica est revenue à son point de départ. Révoltée, elle a crié à sa famille: «Si vous me mariez, je vous garantis que je ferai tout pour ne pas arriver vivante à Nairobi!» Après des larmes, des cris et des pleurs, la famille a cédé. Dominica ne s'est pas mariée et a pu continuer ses études. Elle est là à côté de moi, dans l'obscurité, et vide ce qu'elle a sur le cœur. Je perçois en elle toute sa tristesse et sa ténacité.

— Tu as dû en vouloir à ta famille, non? As-tu pu leur pardonner?...

— J'ai pu pardonner à ma maman, car je sais qu'elle n'a pas les moyens de m'élever. En revanche, j'en veux à ma famille qui ne sait pas l'aider, et à cette tradition qui nous enferme à devenir des femmes-objets! Ça, je n'arrive pas à le pardonner!

Je découvre la difficulté du chemin du pardon, face à des coutumes et des traditions qui imposent des trajectoires de vie. Au fil de la conversation, je réalise que Dominica est actuellement face au même dilemme. Sa famille n'a pas d'argent pour qu'elle aille au lycée en janvier. Si elle n'a pas de solution, elle sait qu'elle sera mariée et prévoit à nouveau de s'évader: «Je n'ai pas le choix! C'est ça ou être forcée!» Le

Kenya a interdit, dans la loi, l'excision et le mariage précoce depuis plusieurs années. Il faut du temps pour que certaines traditions évoluent... Sur ces paroles, au son des grillons et des quelques tintements de cloches du troupeau, Dominica s'endort... Comment l'aider? Et elle, saura-t-elle un jour pardonner?

C'est déjà le jour du départ. Mototaxis, voiture, bus me ramènent à la communauté de Nairobi. Ce soir-là, par hasard, je rencontre Newton. J'évoque mon séjour à Barsaloï et je lui parle de Dominica. Il me dit: «J'ai une amie, le docteur Kuléa, qui a créé Samburu Girls Foundation, une association pour les jeunes filles samburus. Son objectif est justement d'éviter les mariages forcés et de tout faire pour qu'elles aillent à l'école. Je vais l'appeler!» En quelques coups de téléphone entre docteur Kuléa, la famille de Dominica et ma famille qui accepte d'apporter une aide financière, tout est arrangé. Dominica va pouvoir aller au lycée... Quelle synchronicité! Le cœur rempli de gratitude, je peux partir, le cœur en paix!

Rwanda, République démocratique du Congo

Presque mariée au Rwanda

J'aime les trajets qui me permettent de faire une transition entre les expériences que je viens de vivre et de me préparer aux suivantes. Mon cœur est maintenant en fête car j'arrive au Rwanda. Je vais enfin rencontrer la femme et les enfants de David, un ami très cher résidant en France. Je scrute la foule un long moment et tente de les reconnaître. Une femme s'avance timidement :
— Rachel ?
— Oui, vous êtes Honorine ?
— Oui, enchantée !
La jeune fille à ses côtés la tire par la manche : « Je t'avais bien dit depuis tout à l'heure que c'était elle ! » Nous nous regardons avec émotion et nous serrons fort dans les bras. Dans nos cœurs, nous pensons à David qui n'a pas étreint ses proches depuis longtemps... Gianna est rayonnante et Honorine si touchante ! Bras dessus, bras dessous, nous partons vers la voiture.

Arrivée à la maison, je fais la connaissance de William, 15 ans, et de Noah, 9 ans, un neveu qui vit ici. Plus tard, Yves arrive. Je découvre qu'Honorine et David l'ont adopté il y a quelques années. Je ne réalise pas vraiment que je suis là... Les jours suivants, pourtant, je suis vite plongée dans le bain de la vie rwandaise ! C'est le week-end et Honorine m'entraîne partout avec elle. Au programme : une ordination, une dot (comme des fiançailles) et un mariage ! Je découvre les traditions et les magnifiques tenues de fêtes traditionnelles. Les femmes portent des robes qui me rappellent les saris indiens.

Lors de la dot en plein air, les hommes importants de l'une et l'autre famille sont assis à deux grandes tables qui se font face. Derrière eux sont installés les familles et amis respectifs des fiancés. Après de longs discours, le don des cadeaux et la distribution de boissons variées, le papa du futur marié demande officiellement la main au papa de la future épouse. Je découvre que ce temps d'échanges est plein d'humour. L'idée est de tenir les invités en haleine, sur la réponse donnée, avant l'arrivée des fiancés. Alors que ces derniers échangent en kinyarwanda, langue que je ne comprends pas, je discute avec Honorine. Soudain, je sens tous les regards tournés vers moi. Les gens rient aux éclats. Le papa de la prétendante me fait signe de me lever. Je comprends alors que ce dernier propose à son interlocuteur d'offrir « ma main », la *muzungu*[1], plutôt que celle de sa fille ! Me voilà presque fiancée à un inconnu sans m'en apercevoir ! Je ris avec eux de cette blague. Plus tard, le papa vient s'excuser auprès de moi. En regardant ma main gauche, il m'interpelle : « Je vois que vous n'êtes pas mariée ! Nous pouvons vous aider à trouver un homme très bien ici, vous savez ! » Il éclate de rire. D'un air fourbe, je lui tends ma main droite :

— Ah si, pardon, vous êtes engagée ? me questionne-t-il surpris.

— Oui, engagée avec la vie !

Il rit de plus belle. Quand les fiancés arrivent, je découvre que celui qui a le rôle du « papa de la fiancée » l'est par adoption. Elle a perdu toute sa famille pendant le génocide.

Toute cette joie débordante ne laisse rien transparaître du déchirement qu'a connu ce pays : vingt-cinq ans plus tôt, près d'un million de Tutsis ont été tués par des extrémistes hutus, entre le 7 avril et le 17 juillet 1994. Des Hutus modérés ont également été tués. Je suis venue ici pour entendre des

---

1. Terme voulant dire « la Blanche ».

témoignages sur le pardon et la réconciliation. Que vais-je découvrir ?

La radio, support à la réconciliation

Aujourd'hui, je pars rencontrer André Musagara. Il m'accueille avec différents membres de l'équipe dans les locaux de la Benevolencija, une ONG néerlandaise qui œuvre dans le domaine de la prévention des conflits. En dégustant notre café, il m'explique qu'avec leur équipe, ils ont créé le théâtre-radio appelé Musekeweya[1] (Nouvelle Aube) en 2004 afin de favoriser la réconciliation et la guérison du trauma après le génocide. « L'idée est de proposer plusieurs histoires, dont la principale parle de deux villages qui ont traversé un long conflit. Nous mettons en scène des familles qui se confrontent depuis plusieurs années, me dit-il. Comme dans la vraie vie, il y a de la haine, de l'amour, de la jalousie, de la solidarité, de la trahison… Chaque semaine un nouvel épisode est diffusé sur les radios partenaires dont Radio Rwanda, la radio nationale. Nous recueillons les retours des auditeurs : ils nous inspirent dans la rédaction. Annuellement, avec différents intervenants impliqués dans le domaine de la paix et de la réconciliation, nous choisissons les orientations et les messages que nous voulons transmettre dans les épisodes au cours de l'année. »
J'interroge André :
— Mais les gens doivent automatiquement penser à ce qui les a déchirés pendant le génocide, non ?
Il me répond :
— Nous avons fait le choix de ne pas parler de Hutus et de Tutsis comme tels, mais les gens peuvent s'identifier à ces histoires, en fonction de leurs expériences personnelles. Dans notre récit, l'opposition de deux groupes évoque que le conflit

---

1. Radio La Benevolencija Humanitarian Tools Foundation (RLB).

débute par l'idée : « nous contre eux[1] ». Mais nous avons aussi mis en scène deux jeunes de chaque communauté qui tombent amoureux et désirent se marier. Nous avons fait durer le suspense ! C'était long ! »

André rit : « Les gens étaient tellement pris dans l'histoire qu'ils nous appelaient et nous disaient : "Ils doivent se marier ces jeunes-là, hein ! Il faut les marier !" Ils nous appelaient comme si c'était réel ! Certains auditeurs suggéraient que le mariage ait lieu au grand stade Amahoro de Kigali et que cet engagement pouvait permettre la réconciliation de leurs familles. » Cette information me saisit. Je sais que les quartiers autour de ce stade, protégé par l'ONU pendant le génocide, ont été le lieu de violents massacres de Tutsis, André Musagara se recule dans son siège en se frottant le front, dévoilant son embarras face à cette situation. « Nous avons hésité et décidé de rendre le mariage possible. » Ce dernier se redresse sur son fauteuil : « Finalement, les gens étaient tellement impliqués dans cette histoire que nous les avons encouragés à choisir ce jour-là pour célébrer eux-mêmes l'amour et le pardon, en posant un acte fort : organiser un repas de famille, renouer un lien rompu, aller demander pardon... » André reste pensif en évoquant ce souvenir. Il poursuit : « Les personnes ont été très marquées par cette proposition. Par la suite, nous avons reçu énormément d'appels d'auditeurs voulant nous remercier, certains nous avouant qu'ils s'étaient sentis portés en ce jour particulier : ils avaient réussi à demander pardon ou à se réconcilier ! Un vieux monsieur a même osé déclarer sa flamme à sa secrète bien-aimée, lui dévoilant que n'étant pas de son ethnie, il n'avait jamais pu lui avouer son amour ! Il s'était identifié à l'histoire des deux amoureux ! » Quand il évoque cela, l'émotion d'André est palpable. Il enchaîne : « Beaucoup ont renoué le dialogue et cherché la voie du pardon au sein de leurs communautés.

---

1. Référence à la théorie sur le *continuum* de la violence du professeur Ervin Staub, avant-gardiste de la Benevolencija.

Cela a été fantastique ! » Il balbutie : « Nous avons été tellement touchés par ces témoignages ! » Après un moment de silence, il ajoute : « Maintenant, je peux dire que je suis fier d'être membre de cette équipe de production et heureux que La Benevolencija ait choisi l'éducation à la paix par la radio. En effet, quelques années plus tôt, la radio était devenue un outil de propagande pour déclencher le génocide... Aujourd'hui, si des personnes ont pu se pardonner grâce à l'émission, alors nous avons réussi notre mission ! »

Une miraculée du génocide

Depuis des jours, j'ai rencontré et écouté de très nombreuses personnes. Ce matin, je suis seule à la maison. Alors que je lave mon linge à la main, en essayant d'avoir le même geste rigoureux de tous ceux que j'ai déjà observés pendant mes voyages, j'entends sonner à la porte. Je vais ouvrir. Devant moi, une femme magnifique, grands yeux maquillés, sourire radieux mis en valeur par son rouge à lèvres éclatant.

— Bonjour, je m'appelle Gloria. Je suis une amie de David et Honorine. Ils m'ont dit de venir te voir.

— Enchantée, moi c'est Rachel ! Entre !

Nous nous installons dans le salon. Après quelques formules de politesse et de courtoisie, Gloria m'interroge sur la raison de mon séjour au Rwanda. Je lui explique. Elle sourit :

— Je comprends mieux pourquoi David et Honorine m'ont dit de venir te voir !

Hésitante, je lui demande :

— Pourquoi ?

— Parce que moi aussi, je suis une rescapée du génocide. Certains disent de moi que je suis une miraculée.

Je suis perplexe et tente de lire sur son visage ce qu'il y a derrière ce grand sourire. Je ne sais pas trop si je dois poser plus de questions ou respecter cette simple confidence, qui sous-entend une vie lourde de traumatismes. Gloria doit sentir mon malaise. Elle propose de témoigner. J'accepte.

J'écoute, attentive, et apprends qu'elle était la dixième d'une famille nombreuse de treize enfants. Elle m'explique : quand le génocide a éclaté, elle avait 10 ans et elle ne comprenait pas les tensions qui l'entouraient. Un jour, en marchant dans la rue avec sa mère, elle a vu des morts et des personnes décapitées. Elle lui a demandé : « Qu'est-ce qui se passe ? Pourquoi ces gens ont-ils été tués ? » Sa maman lui a fait signe de se taire. En rentrant, elle lui a expliqué que, si un jour des personnes entraient de force dans la maison, il fallait qu'elle aille vite se cacher.

— C'est ce qui est arrivé, me dit Gloria, les yeux perdus dans son passé. Des personnes sont venues un jour pour nous tuer. Ma maman m'avait bien dit qu'il fallait que je fuie. Mais voyant mes parents, mes frères et sœurs être massacrés à la machette, je suis restée figée, pétrifiée. J'ai moi-même été frappée et violentée. Là, je n'ai plus de souvenir de ce qui s'est passé. On me croyait morte. Alors, on m'a jetée dans une fosse commune avec toute ma famille. Pour m'enterrer.

Gloria continue de me parler mais je ne parviens plus à l'écouter. Je ne suis pas sûre de bien comprendre l'atrocité qu'elle est en train de me décrire. Les images s'entremêlent dans ma tête.

— Tu as été jetée dans la fosse commune ? Mais… comment as-tu pu…

— Oui, j'ai été jetée là-bas avec des centaines d'autres victimes. Pendant le génocide, les corps étaient rassemblés dans des fosses pour nous faire disparaître. Et pour être sûrs que l'on soit morts, ils lançaient des grenades avant de nous enterrer.

Des bouffées de nausée m'envahissent mais je tente de ne rien faire paraître à Gloria.

— Combien de temps s'est-il écoulé avant de te retrouver ?
— Deux semaines.
— Comment est-ce possible ? Sans boire, sans manger, sans pouvoir respirer ?

— C'est pour cela que l'on dit de moi que je suis une « miraculée » du génocide ! Des troupes armées qui passaient par là ont découvert une main qui dépassait du sol. Les hommes se sont arrêtés. La main semblait bouger. En déterrant ce corps, ils ont découvert la fosse cachée. Nous étions trois encore en vie. Mon corps était couvert de plaies à cause des éclats de grenades. Je n'avais presque plus de peau à cause de la décomposition des corps autour de moi. Ils m'ont emmenée à l'hôpital. Je suis restée un mois dans le coma.

Quand j'écoute Gloria, je n'arrive pas à intégrer le fait que son histoire est réelle. J'avais déjà entendu de terribles témoignages. Mais ce récit, de la bouche d'une femme de mon âge, pétillante et souriante, me laisse abasourdie. Elle me raconte l'enfer et l'atrocité de la terreur. Je m'interroge. Quelle est cette force de vie qui la faisait tenir ? Pourquoi ?

Gloria reprend :

— À mon réveil, j'ai vu beaucoup de médecins et d'étudiants. Je les entendais dire : « Celle-ci est un miracle ! On ne comprend pas comment elle a pu survivre ! » La vie a repris. Mais je n'avais plus goût à la vie. Je ne dormais plus. Je ne parlais plus. Je ne mangeais plus. J'étais tellement maigre ! J'avais continuellement de gros problèmes de santé. Mon corps torturé, déchiré, me faisait mal. Je me méfiais de tout le monde. J'avais peur de tout. Je criais et me débattais quand on voulait m'approcher. J'avais toujours l'impression que quelqu'un voulait me tuer ! C'était horrible... Je suis passée alors de famille d'accueil en famille d'accueil. Mais toutes se sont découragées. Certaines m'ont même maltraitée. En 2002, j'avais alors 17-18 ans, on m'a présenté une nouvelle famille. Mais je n'y croyais pas, je n'y croyais plus. J'ai accepté seulement pour faire plaisir à une religieuse qui prenait soin de moi. Elle donnait sans compter son cœur, son temps, son énergie pour m'aider... Intérieurement, j'avais décidé qu'après trois jours, je partirais.

Elle poursuit :

— Quand je suis arrivée dans cette famille, j'ai découvert que la femme était veuve. Je lui ai demandé : « Votre mari est mort pendant le génocide lui aussi ? — Non, ce n'est pas lié », m'a-t-elle répondu. Un jour, j'ai découvert que cette femme était hutu, l'ethnie qui avait anéanti la mienne. En colère, je l'ai interpellée : « Pourquoi voulez-vous m'adopter alors que vous êtes hutu et que je suis tutsi ? » Je me sentais trahie. Mais elle m'a répondu : « Ici il n'y a ni Hutus ni Tutsis. Il n'y a que de l'amour… » J'ai décidé de rester, murmure-t-elle.

Gloria me fixe de ses grands yeux noirs. Je retiens mes larmes. Elle continue :

— Mado m'a aimée avec un cœur de maman, et poussée jour après jour à pardonner. Elle me disait que le pardon était la paix du cœur, qu'il allait me soigner ! Elle m'a emmenée au sein de groupes de partage, où j'ai entendu beaucoup de personnes à ce sujet. Je voyais bien que cela leur permettait de vivre à nouveau, mais ça me semblait impossible à réaliser. Un jour, pourtant, je me suis dit : « Pourquoi pas moi ? » La foi m'a aidée. L'amour m'a sauvée !

Les paroles de Gloria me renvoient à Bethléem, dans l'église de Saint-Charbel. Là-bas, j'avais réalisé que ce qui était difficile, ce n'était pas de pardonner, mais bien ce qui m'avait blessée, qui était lourd à porter. Ces paroles s'étaient imposées à moi : « Le pardon, lui, est doux et léger. Il est la guérison du cœur. »

Je retrouve ce message dans ce que dit Gloria. Elle ajoute :

— Le pardon libère. Il nous transforme. Il peut tout changer. Quand mes douleurs physiques liées à mon vécu deviennent insupportables, cela m'appelle à renouveler mon pardon. Tous les jours, je le renouvelle. Le pardon permet de s'aimer à nouveau et de continuer d'avancer. Maintenant, avec ma maman Mado, je vais aider d'autres à pardonner, à partir de mon expérience. C'est une aventure incroyable. Jamais je n'aurais cru y arriver !

Après un moment de silence, je lui pose la question :

— Gloria, si tu devais laisser un message à tous ceux qui pourraient t'écouter, que leur dirais-tu ?

Avec le sourire, elle me répond :

— Avec l'amour, on peut tout... L'amour peut tout, endure tout, transforme tout. Aujourd'hui, je peux vraiment dire que je suis une miraculée !

Village de réconciliation

Avec dans le cœur les paroles pleines d'espérance de Gloria, je me rends quelques jours plus tard au village de réconciliation de Bugesera : créé par l'association Prison Fellowship, il rassemble des familles qui ont fui pendant le génocide, des victimes et d'anciens génocidaires qui ont fait le choix du pardon. Après avoir demandé mon chemin, j'arrive au village. J'ai rendez-vous avec le directeur de l'école. Je découvre un homme qui n'est pas plus âgé que moi. Jean-Damascène m'accueille et m'explique le fonctionnement atypique de cet endroit. Soudain, il rassemble ses affaires : « C'est l'heure de notre rendez-vous ! » Deux personnes, une victime, l'autre ancien génocidaire, nous attendent.

Mon cœur s'accélère. Les images vues au mémorial et les témoignages terrifiants que j'ai entendus envahissent mon esprit. Je vais rencontrer l'un de ceux qui a participé à l'horreur qu'ils ont subie. Nous marchons sur le sol en terre battue. Je respire profondément. À l'ombre d'un arbre, j'aperçois deux silhouettes assises sur un banc. Deux individus nous accueillent et nous invitent à nous asseoir. Ils se présentent. Sandra est une rescapée du génocide, Blaise a été génocidaire. Jean-Damascène leur présente mon projet en indiquant que je souhaite les interroger.

— Tu peux nous poser toutes les questions que tu veux, me dit Blaise.

— Toutes ? Je vous remercie pour votre confiance. Si mes questions sont trop indélicates, n'hésitez pas à me dire que vous préférez ne pas répondre.

— Merci, on te le signifiera !

Commence alors une discussion intense, durant trois heures environ. Je les écoute. Progressivement, la confiance s'instaure et mes questions se font de plus en plus personnelles.

J'ose poser à Blaise cette question qui me taraude tant : « Qu'est-ce qui fait que l'on décide de passer à l'acte, dans un contexte où tout le monde vivait entre amis et entre voisins ? » Il m'explique la montée de la propagande au Rwanda, les discours poussant à se méfier de ceux qui se prétendaient « amis », le doute immiscé dans les esprits, les rumeurs chuchotant les mots d'invasion, d'intention de prise de pouvoir, de domination et d'extermination… Puis la radio répétant en boucle les mots « ennemis » et d'autres mots réduisant les Tutsis à un état animal. Au moment où le génocide a commencé, cette haine a éclaté. Les Hutus qui ont pris les armes étaient convaincus qu'il fallait tuer les Tutsis avant qu'ils ne les tuent. Tuer était donc devenu un acte courageux pour sauver son ethnie et son pays. Ne pas le faire était considéré comme une trahison ou de la lâcheté. Ne pas participer au génocide impliquait le risque d'être assassiné avec sa famille. Blaise me regarde : « J'ai rejoint les foules. Moi aussi, j'ai tué. »

Quand une propagande s'installe, la peur s'immisce, l'effet de groupe prend le dessus, et une masse est entraînée à commettre des actes irréversibles. Il poursuit :

— Le génocide est passé. En prison, Déo Gashagaza, fondateur de Prison Fellowship, est venu nous rencontrer, nous, les prisonniers. C'est là que, pour la première fois, j'ai entendu parler de pardon.

— Comment avez-vous réagi face à cette interpellation ?

— Au départ, la plupart d'entre nous a refusé. Nous avions commis le pire. Comment être pardonné ? Et si nous avions avoué ce que nous avions fait, nous risquions à notre tour d'être tués par vengeance ! Nous étions tétanisés. Des membres de l'association sont venus plusieurs fois discuter avec nous. Progressivement, nous nous sommes laissé interpeller.

— Comment avez-vous procédé ?

— Au départ, avant d'entrer dans une démarche de pardon avec nos victimes, nous devions déjà demander pardon à nos familles. Beaucoup d'entre nous avaient nié avoir tué. Nos familles nous défendaient en dehors de la prison mais elles portaient aussi toutes les conséquences de ce que nous avions fait. Elles étaient montrées du doigt et rejetées. Nous devions leur avouer nos crimes et leur demander pardon.

Je n'aurais pas pensé à un tel processus : demander pardon à ses proches en premier lieu. Quelle étape ! Oser dire à ceux que l'on aime qu'on a commis le pire. Blaise poursuit :

— Puis nous avons écrit des lettres aux familles de nos victimes. Parallèlement, les membres de l'association les rencontraient pour les accompagner dans cette démarche de pardon. Après des mois, nous avons organisé une première rencontre avec eux...

— Cela a dû être incroyable... Comment ça s'est passé ?

Blaise et Sandra se regardent. Sandra me dit :

— C'était horrible. Quand nous les avons vus arriver, toutes nos émotions ont été réactivées. Nous avons hurlé, nous avons pleuré. Ils sont restés à distance. Nous ne pouvions pas les rencontrer.

Blaise ajoute :

— Nous sommes restés ainsi éloignés un long moment, puis nous sommes repartis.

Je tire hâtivement une première conclusion :

— Alors, c'était un échec ?

— Non, c'était une étape du chemin.

L'équipe de Prison Fellowship a persévéré. Ils ont proposé d'autres espaces de dialogue avec les victimes pour qu'elles puissent exprimer leur détresse, leur colère, leurs blessures ravivées. Suite à ce premier contact, ils ont également accompagné les prisonniers afin qu'ils puissent parler de leurs émotions. Puis ils ont réorganisé une deuxième rencontre, puis une troisième, jusqu'à ce que les groupes parviennent à se rapprocher, à «s'envisager» et, enfin, à se parler. Le processus a été long. Mais les génocidaires ont pu demander pardon. Je demande à Blaise :

— Est-ce que cela a été difficile pour toi de demander pardon ?
— Oui, bien sûr, car c'était reconnaître ce que j'avais fait. Je devais regarder les visages de ces rescapés en leur disant toute la vérité, en leur disant quels membres de leurs familles j'avais tués, et où nous les avions enterrés. J'avais très peur de leurs regards, peur d'être rejeté, peur d'être condamné à n'être qu'un criminel. En tuant, j'avais déjà tué ma propre humanité. Ma vie était insupportable face à cette réalité. Grâce aux personnes de l'association qui nous ont encouragés, j'ai réussi à demander pardon et à aller au bout de cette démarche, jusqu'à être pardonné.

— Qu'est-ce que cela a provoqué en toi de pouvoir être pardonné ?

Son visage s'illumine, ses yeux s'éveillent :
— C'est un nouveau chemin qui a alors commencé ! J'ai pu redécouvrir le goût de la vie et retrouver mon humanité ! L'amour a pu reprendre sa place dans mon cœur. Aujourd'hui, quand Sandra a besoin de moi, je suis là, quand j'ai besoin d'elle, elle est là. Elle vient me voir quand je suis malade. Je garde ses enfants quand elle a besoin. Le pardon nous a libérés.

Je suis époustouflée... Depuis mon arrivée ici, j'ai entendu des personnes ayant perdu toute ou la majeure partie de leur famille et accorder leur pardon. Aujourd'hui, c'est la première fois que j'entends quel est l'impact du pardon pour un génocidaire : il est métamorphosé. Je ressens tout l'amour qu'il évoque dans son regard... Est-ce que je peux confier que cela m'a gonflé d'espoir pour l'humanité ? Écouter Blaise me fait penser aux rituels qui ont été mis en place dans certains villages pour réintégrer les ex-prisonniers. Cela était une manière de dire : « Nous savons ce qui s'est passé. Nous ne l'oublions pas. Mais nous croyons en ton humanité et nous t'offrons cette nouvelle chance de te révéler à nous autrement. » J'avais trouvé cela incroyable! Quand je vois les yeux débordant d'amour de Blaise, je suis perplexe.

Blaise ajoute:

— Un peu plus tard, j'ai décidé de retourner en prison voir mes anciens camarades. Certains m'ont regardé les yeux écarquillés car ils croyaient qu'en avouant mes crimes, j'allais être tué. Ils ont été bouleversés de me voir transformé! Je leur ai dit que c'était l'effet du pardon. Je les ai encouragés à oser cette démarche. Certains se sont laissé interpeller et ont commencé un nouveau programme de réconciliation. D'autres ont refusé. Ils préféraient rester en prison que d'être condamnés dans le regard des gens. J'espère qu'un jour, ils oseront faire ce premier pas.

Je suis déboussolée par ces témoignages, par l'audace de la rencontre et celle du pardon. Comment créer en France davantage d'espaces pour accompagner les personnes à réaliser ce chemin? Je pense à Olivier Clerc[1] qui a créé, après avoir travaillé avec Miguel Ruiz, les Cercles de pardon.

«Et toi, où en es-tu avec le pardon?»

Après de longues heures d'échanges, je les interpelle: «Je vous ai posé beaucoup de questions! Si vous voulez vous aussi m'en poser, n'hésitez pas!» Blaise me regarde. Après un moment d'hésitation, il me questionne: «Et toi, où en es-tu avec le pardon?» Silence... Le temps s'arrête. Je le regarde, les yeux écarquillés. Toute ma réalité m'est d'un seul coup renvoyée en pleine figure. Moi non plus, je n'arrive pas à pardonner. Une vague d'émotions m'envahit. Je prends conscience que je suis toute petite face au pardon.

Sandra et Blaise sont peut-être là pour donner leur témoignage à l'humanité, mais aujourd'hui, ils sont là pour moi.

---

1. Voir Olivier Clerc, *Peut-on tout pardonner?*, Eyrolles, Paris, 2015.

Pour m'aider à avancer. Quels sentiments étranges de penser au monde et de se retrouver au centre, sous les projecteurs de l'intimité. J'en fais partie. Il n'y a aucune raison pour que je n'y passe pas… L'humanité, c'est aussi moi. Moi dans mes fragilités, moi qui n'arrive pas à pardonner. Le pardon et toutes ces histoires ne sont pas là pour faire joli ou attendrir les cœurs. Ils sont là pour que je puisse m'interroger: «Et moi, suis-je capable de pardonner?»

Le pardon demande à se vivre et s'éprouver, pour pouvoir soi-même se libérer. Car il est unique. Comme il n'y a pas deux personnes identiques, il n'y a pas deux pardons pareils. Aujourd'hui, je le redoute, je le désire et je le crains. Je le regarde comme un mystère, utopique et incompréhensible. J'entends qu'il est ce qui libère et ce qui révèle la vie en soi. On dit de lui qu'il est la clé pour ouvrir à nouveau la porte de l'amour. Il unit ce qu'il y a de plus éprouvant et de plus beau à la fois. Il est l'arc-en-ciel entre le pire et le meilleur. Le pardon console. Il redonne son humanité à celui qui, par son acte, l'a tuée, ainsi qu'à celui qui a été éprouvé. Le pardon rassemble. Il répare et soigne notre humanité blessée. Celle dans laquelle nous vivons. Celle que, en nous, nous portons.

Je regarde mes trois interlocuteurs et leur avoue que moi aussi, j'ai un pardon à réaliser. Jean-Damascène m'interpelle: «Tu sais que des centaines de personnes veulent venir nous voir. Nous ne pouvons pas répondre à toutes les demandes, et toi, sans être prévue, tu es là, avec tes questions, ton projet et ce pardon… Ce n'est pas un hasard!» Je suis déboussolée. Je leur parle alors de ce pardon si difficile à donner. Que c'est dur et éprouvant! Blaise m'écoute attentivement puis me répond: «Prends ton temps. Tu vas y arriver.» Entendre ces paroles de lui me bouleverse. Il a tant de douceur et d'humanité dans son regard. Tant d'empathie et d'espoir. Il est maintenant le miroir de ce qu'il a reçu. Il a laissé la violence, pour faire sienne l'espérance. Il porte tout ce que le pardon lui a permis de retrouver. En le regardant, je prends alors conscience que, comme le pardon de Sandra à son égard, par mon pardon, je peux contribuer à ce que l'autre retrouve sa dignité. Ne plus voir l'autre réduit à son acte, mais lui donner à nouveau une histoire, une vie, un visage, un état d'esprit. Avec cet acte, certes. Mais pas réduit à cet acte. Quelle violence avait-il accumulée pour la laisser à son tour éclater? Il l'avait fait devenir sienne. Il l'avait perpétrée.

J'imagine cette personne à qui je dois pardonner, adossée contre un arbre, un peu plus loin, à nous regarder. Moi non plus je ne peux pas l'inviter à s'approcher. Je me retrouve dans la situation de Sandra, dans le premier face-à-face. S'apercevoir de loin. Étape pourtant essentielle. « S'envisager à nouveau. » Redonner un visage. Même dans la douleur. Mais se regarder. En Blaise, je vois tous ceux qui espèrent au fond d'eux être pardonnés. En détruisant l'autre, c'est eux-mêmes qu'ils ont détruits. Me revient un épisode de ma vie où j'ai été pardonnée. Quelle libération en moi! J'avais l'impression de me retrouver dans mon intégrité, ma totalité.

— Et qu'en est-il quand il n'est plus possible de rencontrer cette personne à qui pardonner? Pouvons-nous malgré tout lui pardonner?

— Oui, c'est possible. Pour la libérer elle, mais en premier, te libérer toi! Si tu ne pardonnes pas, c'est toi-même qui es enfermée! répond Sandra.

— Ce que tu peux faire, ajoute Jean-Damascène, c'est aller toi-même rencontrer les membres de sa famille ou de sa communauté, pour leur dire que tu veux lui pardonner.

— Aller les voir, eux? Mais! Certains sont eux-mêmes dans le déni!

— C'est un long chemin mais à eux aussi, tu dois pardonner!

Alors là, c'est la meilleure! Moi qui trouvais que j'avais déjà bien à faire avec une personne, il fallait que je m'inquiète de toutes celles qui étaient indirectement impliquées? Quel travail... Les questions se bousculent dans ma tête: comment parler à des personnes dans le déni? Ces dernières ne veulent pas entendre la vérité! Le déni est un mécanisme de défense pour se protéger de ce qui est trop violent... Oui, je le sais. Mais quand nous sommes directement confrontés à ce mur, c'est très violent aussi. Peut-être que, là aussi, il faut «réenvisager» l'autre dans sa globalité. Que de chemins à réaliser! L'acte qui blesse atteint souvent «par ricochet» un grand nombre de personnes. Mais le pardon peut-il aussi avoir un impact aussi large et se diffuser? Si nous voulons que le «tissu déchiré du monde[1]» se répare, c'est avec la communauté que nous devons le réparer. Comment faire?

Quelque chose brûle en moi. Est-ce la colère qui se consume? L'espoir qui lutte avec le désespoir? Le poids de la charge à effectuer? Je me sens si fragile... Sandra, Blaise et Jean-Damascène m'encouragent. Je sens toute la force de leur présence. Je me sens comme portée. «Crois en toi» me chuchote Blaise. «Tu vas réussir à pardonner. Car l'amour a besoin de reprendre toute sa place dans ton cœur...» Blaise me bouscule par sa douceur. Je pleure. Il me demande de regarder cette part blessée. Ils me chuchotent qu'ils vont prier pour moi. Je ne me sens plus seule face au pardon. Je sens à quel point il est plus léger d'être soutenue, avec respect, écoute, et empathie; non pas jugée, forcée mais accompagnée. À la fin de notre rencontre, nous nous étreignons avec beaucoup d'émotion. Il y a dans nos regards quelque chose d'indescriptible. Peut-être la puissance de l'humanité... Je repars bouleversée de cette incroyable rencontre.

Un pardon intérieur

De retour du village de réconciliation, dans ma chambre, je me retrouve seule avec moi-même.

---

1. Abdennour Bidar, *Les tisserands. Réparer ensemble le tissu déchiré du monde*, Les Liens qui libèrent, Paris, 2016.

Quelque chose en moi est contracté. J'essaie de me distraire ou de penser à la beauté de ce que j'ai entendu. Mais ce quelque chose m'envahit et m'oppresse. Je ne tiens plus. Je décide de m'équiper de mon casque de spéléologue et de plonger dans mes abîmes intérieurs. Comme une exploratrice déterminée, je pars à la découverte de moi-même. Je veux oser voir mes cavernes et les explorer. Je ferme les yeux et m'imagine descendre dans les ténèbres de mon for intérieur. Avec ma lampe frontale, je cherche. J'avance. Je me faufile sous des roches imposantes, je découvre une caverne inexplorée, oppressante. Ma lampe fait le tour des parois. Et là, je découvre un «moi», «Rachel du passé», effarée et grelottante. Je décide d'entrer en dialogue avec elle. Je lui demande ce qu'elle fait là, ce qui ne va pas. Elle ne me répond pas. Elle est pétrifiée. Elle porte sur elle un sac énorme qui l'écrase. Je veux l'aider. «Que caches-tu dans ce cabas? Qu'y a-t-il à l'intérieur, de si lourd à porter?»

Elle me regarde sans un mot et crispe ses mains sur ce fardeau, pour que je ne puisse pas le lui enlever. «Laisse-toi faire! Tu ne peux pas vivre comme cela! Je veux t'aider!» Elle refuse, se braque et lâche qu'elle doit le porter seule. Je profite d'un instant d'inattention pour le lui tirer des mains et l'ouvre brusquement. Au milieu d'un amas de déchets et de poussière noire, des vers grouillent de partout et s'éparpillent sur le sol. C'est répugnant! Soudain, la personne «à qui je dois pardonner» sort de ce tas et s'en va en courant. «Rachel du passé» hurle et la rattrape. Elle la frappe de ses poings enragés. La personne ne dit rien. Elle a l'air désespérée. «Rachel du passé» revient et s'effondre en larmes. Elle ne peut cesser de pleurer.

Au milieu des sanglots, elle répète: «Pardon, pardon... C'est ma faute. J'aurais tellement voulu que tout cela soit différent. Que cela n'ait jamais existé. Je me sens tellement impuissante face à tout ce qui s'est passé!»

Je suis déconcertée. «Ta faute? Mais tout cela n'est pas de ta responsabilité! Tu portais toute cette souffrance, cette colère, cette culpabilité seule? C'est pour cela que tu restais cachée?» Pendant un court instant, tout se mélange dans ma tête. «Et moi qui ne te comprenais pas. Ma tête, mon esprit t'en voulaient de ne pas y arriver. J'avais tant de colère de sentir cette partie de toi verrouillée. Je me disais que tu n'étais pas assez forte pour pardonner. Je découvre la tristesse qui t'accablait. L'impuissance qui te rongeait. La responsabilité qui t'a tant abîmée. Tu portais tout cela et, moi, je te condamnais.» Je pleure à mon tour. «Comment ai-je pu être si dure avec toi?» «Rachel du passé» me regarde, surprise: «Tu ne vas pas à ton tour culpabiliser alors que tu m'aides à ne plus le faire? Tu ne pouvais pas faire autrement. Tu as agi avec tes valeurs, tes désirs, tes aspirations, tes frustrations, tes incompréhensions. Tu as fait ce qui te paraissait juste. Et moi, j'étais bien cachée, barricadée. Tu ne pouvais pas tout comprendre. Ne te juge pas. Ne sois pas dure avec toi-même.» L'amertume et la colère contre moi se dissipent par ces mots. C'est à mon tour de lui chuchoter: «Pardon, pardon de t'avoir tant jugée.» Nous nous serrons dans les bras pendant plusieurs minutes, peut-être des heures. Nous avons besoin d'être blotties l'une contre l'autre. De laisser les liens abîmés se cicatriser, pour nous «réunifier».

«Nous allons maintenant nous soutenir ensemble. Être plus fortes à deux. Et avancer.» Nous nous sourions. Nous regardons ce que l'on croyait être des vers. Ce sont en réalité des chenilles qui se transforment en papillons. Ils s'envolent. «Le pardon est comme le papillon...» Je souris en pensant à la métaphore de frère Jean-Pierre. La grotte soudain prend des airs de caverne d'Ali Baba. Je remonte, le cœur transformé par mon aventure spéléologique. Je suis abasourdie par cette expérience tellement surprenante. C'est un cadeau tellement grand que je viens de me donner sans le savoir. J'ai l'impression d'avoir fait une étape de plus dans ce tour du monde intérieur, d'avoir ouvert des verrous et apporté de la lumière en moi. Je viens de me libérer moi-même. Je me sens tellement en paix. Comme nettoyée. Renouvelée. Je viens de me pardonner. Je découvre qu'en voulant pardonner, c'est par soi qu'il faut commencer. Par cette expérience, je comprends toute la difficulté et la puissance du chemin du pardon. Je me découvre fragile et forte. Vulnérable et ancrée. Peut-être cela m'aidera-t-il maintenant à suivre les voies du pardon ? En me découvrant dans ma propre complexité, saurais-je mieux comprendre celle des autres ?

Pardon pour le consentement meurtrier

Il est là, devant moi ! Lui congolais, moi française. Sœur Marie-Claude, une religieuse enthousiaste et pleine d'idées, nous avait proposé, enfants, de nous écrire des lettres. Vingt ans après cette correspondance épistolaire, nous nous rencontrons pour la première fois. Quel cadeau pour une veillée de Noël… Nous sommes comme deux inconnus face à face, qui en une fraction de seconde laissent jaillir une grande complicité ! Nous nous tombons dans les bras, comme deux très bons amis qui se retrouvent. Elikia me dit : « À cet instant même, les vingt années passées loin l'un de l'autre viennent de s'envoler ! » Nous nous asseyons dans un café de Kimironko. Ce dernier a fait le déplacement jusqu'à Kigali. Assis à 15 heures, nous discutons jusqu'à 20 heures, sans interruption… Nous nous donnons des nouvelles de nos familles, de nos vies. Rapidement, nous parlons de la situation catastrophique du Congo, tant sur le plan géopolitique que social et sanitaire.

Elikia est né et a grandi dans la région du Kivu. Leur sous-sol regorge de ressources, notamment le tantale qui est aussi le nom d'un minerai obtenu en raffinant le coltan. La République démocratique du Congo dispose de 80 % des réserves mondiales. Il sert à la fabrication de tout ce que nous avons dans nos mains : téléphones dernier cri, tablettes modernes, ordinateurs performants… Avec un regard profond, Elikia me dit que des milliers de personnes sont chassées ou tuées pour laisser les terres vidées de ses habitants, aux multinationales qui viennent aisément les exploiter. Je sens la nervosité monter en lui. « Pourquoi ne pas proposer aux habitants de ces régions une maison décente, dans une autre ville ? Ils auraient été heureux et auraient accepté ! Qu'est-ce que ça leur aurait coûté, à ces multinationales, face à leurs milliards de bénéfices qu'ils gagnent sur notre dos ? Pourquoi venir nous envahir, nous terroriser, et en plus nous tuer ? »

Elikia avale son verre d'eau puis poursuit, à voix basse et sur un ton tranché : « Le Congo est le pays le plus riche en minéraux ! Tu trouves cela normal que nous vivions ici dans la plus grande pauvreté ? Nous avons besoin de vivre et nous avons le ventre creux ! Nous prenons un repas par jour, pour nous colmater le ventre ! En ce moment, c'est Noël. Je préfère être loin de ma famille, parce que je n'ai rien à offrir à mes enfants, même pas de quoi manger ! » Mon cœur se serre en écoutant Elikia me dire cette vérité… Pourtant, je sens qu'il ne veut pas de ma pitié. Il continue : « Alors qu'il y aurait tant à faire pour travailler dans les mines de notre pays, plus de 80 % des personnes n'ont pas d'emploi ! Nous sommes comme des chiens ! Cela fait cinq ans que je suis au chômage. Je ne peux assumer mon rôle d'aîné, pour remplacer mon père décédé et assurer les besoins de mes petits frères et sœurs. Auparavant, lorsque l'industrie occidentale avait besoin du caoutchouc, la RDC en a fourni au prix de la sueur et du sang de son peuple. L'uranium a contribué à la fabrication de la bombe atomique. Notre hydrographie[1] est aussi convoitée. Et aujourd'hui, l'industrie de la voiture électrique va avoir besoin de notre cobalt… » Elikia continue d'exprimer sa colère. Je suis écœurée intérieurement de constater à quel point la soif de pouvoir et de richesses nous pousse aux extrêmes de notre « humanité » déshumanisée. Je comprends l'exaspération et la colère de ce

---

1. Ensemble des cours d'eau d'une région donnée.

peuple anéanti. L'enrichissement des puissants semble avoir plus de poids que leurs vies.

Elikia laisse éclater ce qu'il a sur le cœur : « Tu vois ce que vous nous avez laissé avec votre colonisation ! Pourquoi être venu tout transformer chez nous ? Pour quels résultats ? Et vous nous dites que vous nous avez apporté la civilisation ! » Je me sens toujours attaquée quand il m'implique dans le « vous ». J'essaie de prendre du recul et de comprendre son message, comme Marshall Rosenberg[1] l'a si souvent fait avec des groupes en conflit[2] en utilisant la CNV (Communication non violente). Je l'interpelle :

— Je vois que tu es très en colère sur les dégâts visibles de la colonisation. Je suis d'accord avec toi. Nous en avons fait beaucoup et malheureusement, nous en faisons toujours. Mais tu sais, Elikia, ça me heurte toujours quand tu m'impliques dans le « vous ». Je sens une accusation. Tu sais pourtant ce que je pense, après toutes ces années d'échanges amicaux ! Je suis contre ce système colonial et d'enrichissement au nom de notre économie !

— Oui, toi je te connais. Je sais que tu ne penses pas comme eux. Tu es la seule blanche à qui je peux parler comme cela !

— Mais tu sais, beaucoup d'Occidentaux ne sont pas non plus d'accord avec ce système !

— Toi, quand je te parle, je ne te vois pas comme une blanche, mais comme mon amie. J'ai de la chance de te connaître. Cela me permet de voir autrement les gens de l'Occident. Si je ne te connaissais pas, je penserais que tout le monde nous ignore, là-bas.

On touche là le cœur de la rencontre. Nous nous découvrons avec Elikia en tant que personne avec nos colères, nos

---

1. Psychologue américain créateur du processus de communication non violente.
2. Marshall Rosenberg, *Parler de paix dans un monde en conflit*, Éd. de Jouvence, Genève, 2009.

valeurs et nos désillusions, mais également à travers notre identité et notre culture qui s'ancre dans l'histoire commune de l'humanité ! Au-delà de ce que nous voulons, en voyageant, nous représentons notre pays, notre peuple et les souffrances infligées par notre histoire. Par notre attitude, nous devons avoir conscience que nous pouvons montrer une autre réalité. À mon échelle, je suis heureuse que, par cette discussion avec Elikia, nos regards changent.

Pour ma part, j'avais conscience de la situation géopolitique du Congo, mais entendre Elikia me parler droit dans les yeux me bouleverse. Je vois un homme qui souffre. Un homme marqué par la détresse et la colère. Depuis son enfance, il vit plongé dans la guerre. Il me regarde. Je vois ses yeux pensifs, pleins d'impuissance et de questions. Concentré, il dessine des schémas sur des petits bouts de papiers, pour être sûr que je comprenne bien ce qu'il veut m'expliquer. Je le vois et, en lui, par lui, je vois tout le peuple congolais.

Elikia me parle de longues heures et, en l'écoutant, je perçois davantage le drame dans lequel nous vivons. Si seulement je pouvais remonter toute la chaîne de production de mes appareils électroniques ! Je prends conscience qu'en tenant mon téléphone, c'est du sang que j'ai sur les mains. Je ne suis pas responsable de la misère du monde, mais je suis responsable de mes actions, de mon mode de vie, de ma consommation. Je suis la cliente au bout de cette chaîne de production. Je pense à ce que disait Marc Crépon à propos de ce qu'il appelle « le consentement meurtrier[1] ». Il interroge les racines de la violence. Nous consentons, que nous le voulions ou non, à ce que des personnes meurent partout dans le monde, sans que nous n'agissions. Je pense aussi aux études faites en psychologie sur la notion de responsabilité. Plus nous sommes nombreux face à un événement, moins nous nous sentons responsables. Puis-je sortir de cette chaîne ? Le tout, une fois de plus, n'est pas

---

1. Marc Crépon, *Le consentement meurtrier*, Éd. du Cerf, Paris, 2012.

de culpabiliser mais de prendre conscience de ce à quoi nous contribuons. Elikia ajoute : « Nos dirigeants ont aussi leur part de responsabilité. Ils prennent leur part et nous laissent croupir dans la misère. La responsabilité est partagée. »

Elikia me demande si les médias français parlent de leur réalité. Je suis extrêmement gênée de lui avouer que nous en entendons très peu parler. Je vois sur le visage d'Elikia toute la tristesse, le désespoir, la déception... Il ne prononce pas cette phrase, pourtant, je l'entends : « Qui sommes-nous à vos yeux pour être si transparents ? » Cela me questionne à nouveau sur la question du pardon. À travers les témoignages de Blaise, Sandra et Jean-Damascène au village de réconciliation, j'ai pris conscience de la force du pardon au niveau communautaire. Qu'en est-il aux plans national et international ? Nous faisons partie d'un système : nous contribuons à son ancrage ou à sa transformation. Je regarde Elikia et, spontanément, des mots sortent de ma bouche :

— Elikia, je te demande pardon.

— Pardon ? Pourquoi ?

— Je te demande pardon de contribuer à ce système et d'accepter sans scrupule d'en bénéficier. Je te demande pardon pour tous les dégâts que nous causons, en nous positionnant comme tout-puissants dans une grande partie du monde. Je te demande pardon pour la colonisation. Moi, en tant que Française, je porte cette histoire. Je suis fière de mon pays et, à la fois, parfois, j'ai honte. Je te demande pardon car je prends conscience que, par mon style de vie, c'est ta vie que je suis en train d'abîmer. Et avec la tienne, celle de milliers d'autres. L'Europe ou la France vous ont-ils déjà demandé pardon pour tout ce qui s'est passé et leur rôle dans l'histoire du Congo ?

— Non.

— Alors en tant que Française, je voudrais te demander pardon.

Elikia est interpellé.

— Mais tu ne représentes pas une autorité.

— Oui, mais je suis citoyenne de ce pays! Citoyenne du monde!

— C'est vrai... Mais il faudrait déjà commencer par mes voisins de l'Ouest, avec le commerce triangulaire.

Par sa réflexion, je comprends qu'Elikia me parle de la traite négrière.

— Je suis allée au Sénégal, il y a quelques années, à la « porte sans retour », ce lieu d'où partaient les esclaves. À notre guide, pour toutes les familles de ceux qui ont été pris en esclavage, je lui ai aussi demandé pardon. Comme j'ai pu demander pardon à des Rwandais pour le rôle de la France durant le génocide au Rwanda. Nos pays ont besoin de reconnaître leurs responsabilités et de savoir demander pardon.

Elikia semble touché. En moi, je sens que cette question du pardon entre États est réellement à développer. Tant de blessures étouffées! Comment ne pas accumuler amertumes et colères, quand nous regardons toutes les guerres, génocides et apartheids qui déchirent notre humanité? L'histoire du monde impacte tous les citoyens de notre planète! Nous faisons tous partie de cette histoire. Jean-Marie Muller, dans son livre *La violence juste n'existe pas*, écrit: « La non-violence [...] doit s'efforcer de déraciner la violence, de la faire dépérir en détruisant ses racines culturelles, idéologiques, sociales et politiques[1]. »

Si nous voulons construire la paix, elle doit se construire en profondeur. Pas sur des faux pansements et sur des plaies gangrenées. Dans *Pouvoir de la non-violence. Pourquoi la résistance civile est efficace*[2], Erica Chenoweth et Maria J. Stephan expliquent qu'une simple signature d'armistice donne davantage le risque qu'une nouvelle guerre éclate, alors qu'un travail de réparation réalisé dans la durée offre plus la

---

1. Jean-Marie Muller, *La violence juste n'existe pas. Oser la non-violence*, Les Éditions du Relié, Paris, 2017, p. 104.
2. Erica Chenoweth et Maria J. Stephan, *Pouvoir de la non-violence. Pourquoi la résistance civile est efficace*, Calmann-Lévy, Paris, 2021.

possibilité de construire une paix durable. Nous sommes face à tellement de tabous dans l'histoire de l'humanité.

En attendant d'approfondir ces réflexions, en demandant moi-même pardon à Elikia de contribuer à ce système, en tant que citoyenne française, je sens que quelque chose en moi entre en mouvement. C'est comme si je n'étais plus seulement témoin impuissante de l'histoire de mon pays ou du monde, mais que par cette démarche, j'en devenais actrice. Elikia ajoute : « Nous avons pourtant tant de valeurs à partager. Il ne devrait y avoir que l'amour, non ? » Je souris. Il continue : « Je ne suis qu'une goutte d'eau mais, avec elle, on fait de grands océans ! » Je suis heureuse de l'entendre utiliser cette métaphore de sœur Emmanuelle. Je regarde l'heure. Bientôt 20 heures.

— Il est tard ! Comment vas-tu faire ce soir ?

— Tu sais, comme je te l'ai dit, Noël n'est pas très agréable pour moi. Je préfère malheureusement être loin de ma famille aujourd'hui. Et de toute façon, les derniers bus pour rentrer sont déjà partis.

— Veux-tu que je demande à Honorine si tu peux venir passer la veillée avec nous ?

— Oui ! Je serais ravi !

Je l'appelle. Elle accepte. Je sens un flot d'émotions monter en moi. Quel Noël !...

« Il ne faut pas attendre que les orages passent mais apprendre à danser sous la pluie »

Les jours et les semaines passent. Nous sommes déjà en février. Dans quelques jours, je vais quitter le Rwanda. Je suis pétrie de toutes ces rencontres et témoignages reçus ! C'est incroyable tout ce que j'ai entendu, vécu... Ce séjour m'a amenée à me poser tant de questions ! J'ai rencontré des victimes du génocide, qui ont fait ce chemin de pardon, seules ou en communauté. J'ai échangé avec des personnes qui ont été juges dans des tribunaux *gacaca*[1], pour que justice soit faite, afin d'aider les personnes à ouvrir un chemin de reconstruction. J'ai aussi entendu des enfants demander pardon au nom de leurs parents ! Et puis des victimes, qui avaient sonné à la porte de leurs voisins, criminels : « Vous ne nous avez jamais rien demandé, mais sachez que l'on vous a pardonné. » C'est tellement déconcertant ! Avec cela, il y a eu ma rencontre avec Elikia, m'interpellant sur la question du pardon au niveau international. Et puis j'ai été ébranlée par mon chemin de pardon intérieur qui avance doucement, profondément…

Aujourd'hui, Honorine est absente. À midi, il pleut des cordes… Après un séjour si dense, je sens que la nostalgie liée à la fin de mon voyage est pesante. L'atmosphère est morose. Les enfants sont là et s'ennuient. Soudain, je leur dis : « Et si on allait danser sous la pluie ? » Ils me regardent avec de grands yeux ronds. « Oui, je ne suis plus là pour longtemps, il faut profiter ! Nous n'avons que peu de temps ! Et… » Leurs yeux s'illuminent. Je n'ai pas fini de parler qu'ils sont déjà partis en courant enfiler leurs maillots de bain ! Nous nous retrouvons sous la pluie tropicale, au milieu des bananiers ! Nous sautons dans les flaques du jardin qui se sont rapidement formées. La terrasse offre une patinoire géante ! Elle devient même un immense toboggan ! Nous lançons la musique, chantons à tue-tête et dansons ! Les odeurs des fleurs du jardin sont en fête elles aussi ! L'orage éclate. Nous dégoulinons et rions ! Cette pluie me nettoie et me regorge de vie. Quel moment, quelle sensation de liberté immense, quelle énergie ! Je pense au dicton de Sénèque qui me donne tellement d'élan : « Il ne faut pas attendre que les orages passent mais apprendre à danser sous la pluie ! »

---

[1]. Tribunaux populaires mis en place dans les villages à la suite du génocide pour juger les génocidaires.

Afrique du Sud

Trop d'oubliés

J'arrive sur la terre de Nelson Mandela, là où Gandhi a vécu... Poser les pieds dans les pas de ces sages me donne des frissons! Quelle aventure m'attend encore? Dans un taxi de Johannesburg, j'échange avec le chauffeur. Je l'informe que c'est la première fois que je viens en Afrique du Sud et lui demande ce qu'il pense de son pays aujourd'hui: «Oh, vous savez! Ici, il y a trop de corruption! Les gens sont encore très divisés! Regardez: les Noirs prennent les bus, les Blancs ont leur voiture ou prennent des taxis. C'est très révélateur! Les classes sociales n'ont pas changé. Beaucoup de Noirs habitent dans des ghettos et les Blancs vivent dans des quartiers chics et surveillés.» J'ose l'interpeller:

— Mais vous, vous avez la peau noire. En tant que chauffeur de taxi, vous conduisez donc beaucoup de Blancs. Vous ne communiquez jamais pendant les trajets?

— Si, bien sûr! Mais pour moi, avec les Afrikaners[1], la relation est hypocrite!

Après m'être installée à l'auberge de jeunesse, je retrouve Ishmaël Mkhabela, avec qui j'ai rendez-vous. Il me propose de me faire découvrir Soweto, situé à la périphérie de Johannesburg. «Je préfère t'emmener là-bas plutôt que tu viennes avec une compagnie de tourisme! Tu ne crois pas?» J'acquiesce volontiers. Découvrir des musées pour comprendre l'histoire

---

1. Les Afrikaners sont les citoyens d'Afrique du Sud d'ascendance néerlandaise.

d'un pays, c'est important. Découvrir les lieux, en écoutant le cœur qui bat derrière chaque témoignage donne une tout autre valeur. De jolies maisons en briques alternent avec des habitats aux toits de tôles. Sur le mur d'une maison, cette pub : « Vote Azapo[1], rejoins le pouvoir noir. Ta source d'espoir. Ta force de changement. » Quelques marchands à la sauvette se sont installés devant des murs pour profiter d'un peu d'ombre, en attendant les clients.

Ishmaël répond à mes questions pour que je comprenne bien le régime de l'apartheid : après avoir connu des siècles d'oppression, un régime de ségrégation officielle en Afrique du Sud a été instauré en 1948 pour être aboli en 1991. Les habitants étaient séparés dès leur naissance en quatre catégories : Noirs, Métis, Indiens ou Blancs. Certains bus, restaurants, plages étaient réservés à ces derniers, tout comme 87 % du territoire. Cela a entraîné 3,5 millions d'expulsions. Les personnes noires ont été déplacées dans des *townships* (cités-dortoirs) ainsi que dans des réserves ethniques appelées « bantoustans ». J'arrive avec Ishmaël devant une œuvre en bronze qui rappelle les fondements de la nouvelle constitution sud-africaine. « Tous jouiront des mêmes droits humains », « le peuple partagera les richesses du pays », « tous seront égaux devant la loi »… Nous poursuivons notre chemin. Beaucoup de monde le salue. Il semble très respecté. Il propose de prendre un café. Tout est si paisible.

Pourtant, quelques années plus tôt, cette banlieue a été le lieu de tragiques affrontements. Natif de Soweto, Ishmaël m'explique qu'avec sa femme, ils ont été de grands leaders politiques pendant la lutte anti-apartheid. Il a pris la tête de l'organisation Azapo après la mort suspecte du militant Steve Biko en prison. Sa femme, quant à elle, était l'une des leaders de Saso, l'organisation des étudiants sud-africains pendant les

---

1. Organisation du peuple azanien, l'Azanie étant le nom donné par ce parti politique, pour définir l'Afrique du Sud.

émeutes de 1976. Le 16 juin de cette année, entre dix mille et vingt mille étudiants noirs sont descendus dans les rues pour protester contre le fait que l'afrikaans, langue parlée par les Afrikaners, soit imposée comme langue d'enseignement avec l'anglais, dans les écoles locales. Leur objectif était d'exprimer pacifiquement leur désaccord pour éviter tout affrontement avec la police. Mais la manifestation a dégénéré[1] et la police a tiré sur la foule. L'un des premiers manifestants tués s'appelait Hector Pieterson. Il avait 12 ans.

Ishmaël me propose d'aller au mémorial qui rend hommage au jeune Hector « et à tous les jeunes, héros et héroïnes, engagés dans la lutte où ils ont perdu la vie pour la liberté, la paix et la démocratie[2] ». À l'intérieur, plusieurs télévisions projettent des reportages. Ishmaël me montre une vidéo : « Tu me reconnais ? C'est moi, avec ma femme. » Les gens passent et regardent les écrans, sans savoir que l'un de ces précieux témoins est là, à côté d'eux. Nous poursuivons la visite. Il commente chaque photo. Je vois celle du jeune Hector, tué, porté par son camarade désespéré et une amie, horrifiée. Elle est devenue l'icône du soulèvement. Ishmaël semble ému et déçu. « Il y a trop d'oubliés… » Après un instant de silence, il poursuit : « Le monde dit que Nelson Mandela a fait sortir l'Afrique du Sud de l'apartheid. Mais il ne faut pas oublier que c'est le peuple qui a permis à Mandela de sortir de prison. Seul, il n'aurait rien pu faire. Des milliers de personnes se sont sacrifiées ! » Dans son regard et dans ses mots, je perçois toute sa tristesse et sa désillusion. L'Afrique du Sud d'aujourd'hui est loin de l'utopie tant désirée. Les fruits récoltés ne sont pas à la hauteur de toute la sueur et du sang versés. Je sens en Ishmaël une âme digne, mais tout autant blessée et usée.

---

1. *A priori*, à cause de jets de pierres lancées sur la police, par quelques manifestants.
2. Indication sur la stèle d'entrée du musée.

La Commission vérité et réconciliation

Après quelques jours passés à Johannesburg, je m'envole, pensive, vers Durban. Comment toutes ces personnes peuvent-elles encore garder espoir, après tant d'années de luttes et de combats ? Comment peuvent-elles pardonner quand la situation reste si complexe et démesurée ? Desmond Tutu parlait de la « nation arc-en-ciel ». Saura-t-elle un jour rayonner ? Après avoir rencontré Ishmaël, je cherche à comprendre cette situation. Lors de son discours d'investiture, le 10 mai 1994, Nelson Mandela avait prononcé ces mots : « Le temps est venu de guérir les blessures, le moment est venu de réduire les abîmes qui nous séparent, le temps de la construction est devant nous. Nous avons conscience qu'il n'y a pas de chemin tout tracé vers la liberté. Nous savons bien qu'aucun ne peut réussir seul. Nous devons pour cela agir ensemble, en peuple uni, pour la réconciliation nationale, pour la construction de la nation, pour la naissance d'un nouveau monde[1]. »

D'avril 1996 à octobre 1998, la Commission vérité et réconciliation (CVR) a été créée afin de rassembler des victimes de l'apartheid, leurs proches et des bourreaux, au cours de séances publiques. Je décide de contacter Mary Burton qui a participé à ce processus, pour m'éclairer. Elle m'explique :

— Cette commission a été dirigée par l'archevêque anglican Desmond Tutu. Nous étions plus de quatre cents membres à œuvrer pour la commission : enquêteurs, preneurs de déclarations, interprètes, conseillers, collecteurs de données… Cette dernière avait trois missions principales : enregistrer le plus d'informations possible sur les « violations des droits de l'homme » qui avaient eu lieu, accorder l'amnistie sous certaines conditions aux auteurs de ces violations qui se présenteraient pour la demander, et proposer

---

1. Fabrice Drouelle, « Affaires sensibles » : « La Commission vérité et réconciliation en Afrique du Sud, » France Inter, janvier 2019.

au gouvernement des moyens d'offrir des réparations et de favoriser la réconciliation.

— Combien de témoignages la commission a-t-elle récoltés ?

— Environ vingt-deux mille. Certaines personnes avaient subi des violations, d'autres avaient perdu des proches suite à des tortures, des meurtres, des disparitions…

— Et combien de demandes d'amnistie avez-vous reçues ?

— Environ sept mille. Elle a été accordée à mille cent soixante-sept personnes. Elle a été refusée pour différentes raisons, par exemple dans les cas où toute la vérité n'avait pas été dite.

— C'était un travail remarquable !

— Oui, pendant presque trois ans, le Comité des violations des droits de l'homme a été maintenu en pleine activité, pour assurer la prise des déclarations et les audiences publiques !

— Mais des millions d'habitants vivaient loin des grandes villes. Comment ont-ils pu suivre cette commission, s'ils n'avaient pas les moyens de se rendre sur place ?

— Il y a eu une large couverture médiatique, avec des traductions dans de nombreuses langues sud-africaines. Le processus a été suivi par des milliers de personnes dans les médias. Je pense que cela a contribué à l'objectif de réconciliation. Les gens ont pu constater que leur histoire était reconnue.

— Mais que se passait-il pour les victimes qui n'étaient pas médiatisées ?

— Dans le rapport final, une liste de toutes les victimes a été réalisée, accompagnée d'un résumé pour chacune. J'espère qu'à l'avenir, cela jouera un rôle pour la guérison intergénérationnel : les jeunes peuvent identifier le rôle que leurs parents et grands-parents ont joué dans notre histoire.

— Je n'avais pas connaissance de cela !

Après un silence, Mary reprend :

— Pour moi, la réconciliation signifie l'acceptation du fait que le passé ne peut être effacé et qu'il continuera à affecter, d'une certaine manière, le présent. Mais il faut trouver des moyens pour que les gens puissent vivre ensemble. Pour ce faire, les responsables des torts doivent reconnaître la vérité, mais aussi agir pour arrêter les injustices et les cruautés du passé. Cela implique de résoudre les problèmes d'exploitation, d'inégalité et de pauvreté. La déception est née du fait que de nombreuses personnes, ainsi que le gouvernement, ont semblé croire que les commissions étaient une fin et non un début. L'Afrique du Sud a encore beaucoup de travail à accomplir pour parvenir à la réconciliation !

Je comprends en écoutant Mary que ce travail a commencé mais doit se poursuivre encore. Elle ajoute :

— Aujourd'hui, ce processus est inachevé. Le comité avait recommandé l'octroi d'une indemnité à chaque victime identifiée par la commission. Après un retard considérable, le gouvernement a annoncé qu'il ne verserait qu'un cinquième de cette somme ! Les personnes concernées ont été profondément déçues… Beaucoup de ceux qui avaient témoigné sont morts avant d'avoir reçu une réparation, sans compter les personnes qui n'avaient pas pu faire de déclarations à la commission. Une organisation appelée Khulumani a été créée pour qu'ils puissent aussi bénéficier de réparations.

Choquée, je comprends mieux pourquoi tant de victimes ne se sentent pas respectées. Mary analyse la situation :

— Le souci, c'est qu'un grand nombre de personnes qui ont commis des violations n'ont même pas fait de demande d'amnistie… Nous pensions que ces derniers ou ceux qui n'avaient pas été amnistiés seraient ensuite condamnés. Mais plus de vingt ans plus tard, il n'y a pratiquement pas eu de poursuites. Aujourd'hui, les personnes soupçonnées d'avoir commis ces crimes vieillissent ou sont décédées. Cette situation n'est pas propice à la réconciliation.

Je sens beaucoup de colère en moi. L'injustice perdure. Comment construire le futur quand le silence laisse une chape de plomb sur le passé ? Combien de procès dans le monde, pour promouvoir la justice, n'ont pas abouti ? Combien de millions de personnes, ont vu leurs droits bafoués ? Marie ajoute : « Nous espérions aussi que les inégalités et la pauvreté, exacerbées pendant l'apartheid, seraient traitées en urgence. Des politiques ont été instaurées. Mais au fil des décennies, la pauvreté a persisté. »

Avec Mary, nous évoquons les manifestations violentes d'étudiants qui ont lieu actuellement. Elle m'explique :

— La colère créée par ces conditions alimente cette violence. Il est évident que ceux qui ont peu d'espoir en un avenir meilleur arrivent au bout de leur patience.

— Pourtant, l'Afrique du Sud de Mandela et la Commission vérité et réconciliation ont donné beaucoup d'espoir au monde entier !

— Au départ, il faut savoir qu'elle s'était elle-même inspirée d'autres mécanismes de justice transitionnelle, comme ceux de l'Argentine et du Chili. Elle a contribué ensuite à sa diffusion au niveau international. Mais en Afrique du Sud, il y a trop de douleur, de colère et de culpabilité face à l'injustice permanente. Dans les années à venir, la situation ne changera que si ces questions sont abordées, et si une société plus équitable et plus juste est mise en place.

Mary met le doigt sur ce qui me semble essentiel : comment réclamer à ces personnes la force de se réconcilier ? Pour que les processus de réconciliation soient effectifs, cela demande de mettre un terme aux injustices et aux violences perpétrées. Cela exige que chacun prenne sa part de responsabilité. Cela implique aussi que la collectivité, le gouvernement et les institutions, reconnaissent pleinement les dommages subis par les victimes, et s'engage sincèrement sur la durée à chercher collectivement des solutions pour proposer des réparations acceptables par tous.

Freins et atouts pour la réconciliation

La tête remplie de questions, je pars à l'université technologique de Durban. Gilbert, un étudiant avec qui j'ai organisé cette rencontre, m'accueille dans une salle avec des professeurs et quelques étudiants, qui participent à un programme d'études autour de la paix. Je tiens à poursuivre ma réflexion sur la Commission vérité et réconciliation et leur demande leurs avis. L'un d'entre eux ouvre notre échange :

— Pour nous, c'était une initiative magnifique, mais qui n'a pas eu les résultats attendus.

— Explique-nous ce que tu as entendu au Rwanda ! renchérit un professeur. Peut-être qu'en comparant les commissions qui ont eu lieu ici avec la mise en place des tribunaux *gacaca* au Rwanda, nous allons repérer les éléments qui contribuent à porter du fruit, dans la démarche de pardon et de réconciliation !

Même si je ne suis ni une chercheuse ni une experte en la matière, la proposition m'intéresse. Ce travail de comparaison peut me permettre d'analyser les éléments nécessaires à la construction de tels programmes. Je me lance :

— Il faut savoir que le génocide rwandais a duré moins de quatre mois, alors que la propagande s'était construite depuis plusieurs décennies. Même si les personnes n'étaient pas de la même ethnie, elles semblaient cependant avoir la même culture et parler la même langue.

— Oui, alors qu'en Afrique du Sud, dit un professeur, l'apartheid a duré plusieurs décennies mais l'oppression existait depuis des siècles ! La culture était très différente entre Afrikaners, Indiens, et personnes de couleur. Il y avait également beaucoup d'ethnies !

En plus de la complexité liée à l'aspect multiculturel, je remarque qu'un conflit qui s'éternise sur la durée complexifie gravement le travail de réconciliation. Je murmure :

— Pas facile d'œuvrer pour une réconciliation quand l'histoire est restée si longtemps malmenée… Qu'il est important de ne pas laisser un conflit ou des injustices se cristalliser !

— Oui, cela pose ensuite la question de la responsabilité, ajoute un étudiant. Selon moi, ici, personne n'a voulu assumer celle de l'apartheid. Ceux qui ont commis des violences ont dit qu'ils avaient appliqué les ordres qu'on leur donnait, et ceux du gouvernement ont nié les actes criminels qui étaient commandités ! Le président De Klerk, par exemple, a avoué que l'apartheid était une erreur et s'est excusé, mais il n'a pas voulu reconnaître le rôle de l'État dans les politiques de torture[1].

Je repense à mon échange avec Elikia sur le Congo. La question de la responsabilité est récurrente. La faute à qui ? Des personnes ont donné des ordres, d'autres ont fermé les yeux et cautionné. C'est l'ensemble des maillons de la chaîne qui aboutit à des actes d'humiliation, d'intimidation, d'emprisonnement ou de torture… Dans les témoignages que j'ai pu entendre des tribunaux *gacaca*, certains juges insistaient sur cette notion de responsabilisation. Gilbert ajoute :

— En Afrique du Sud, si des auteurs de violence (notamment des policiers) venaient dire ce qu'ils avaient commis, on leur reprochait de ne pas tout dévoiler.

Je les interroge :

— Demandaient-ils pardon ?

— Certains oui, d'autres non, me répond une jeune fille. Ils n'étaient pas obligés de faire cette demande. L'un d'entre eux avait même dit : « J'ai demandé pardon à Dieu, je n'ai plus à le faire ! C'est entre Lui et moi maintenant ! »

Je songe à voix haute :

— Dans un tel contexte, c'est difficile pour les victimes de se sentir entendues… Le fait que l'auteur des actes demande pardon n'est certes pas indispensable, car cela condamnerait la victime à ne pouvoir se « réparer » qu'après avoir reçu des paroles remplies de regrets et de pardon, mais l'attitude de ce dernier peut indéniablement aider ou accélérer le processus de réparation et de guérison de la victime.

Une enseignante renchérit :

— Et là, nous évoquons les victimes qui ont pu se rendre sur place ! Des moyens ont été mis en place pour aider ceux qui

---

1. *Ibid.*

le souhaitaient à se rendre à cette commission, mais beaucoup n'ont pas pu faire le déplacement et n'ont donc jamais pu parler.

— Au Rwanda, les tribunaux *gacaca* ont été institués dans beaucoup de villages. Comme il n'y avait pas assez de juges dans les tribunaux des grandes villes, dans chaque bourg trois ou quatre personnes de confiance étaient nommées par les habitants : elles devenaient ainsi les juges de ces tribunaux populaires afin que le plus grand nombre de personnes puissent s'exprimer.

En relevant cette différence, je constate que le travail de proximité est essentiel, non seulement pour que le plus grand nombre de victimes soient entendues, mais pour créer une autre relation entre les auteurs des faits et les victimes. En pensant à Prison Fellowship et à d'autres organisations, j'ajoute : « Pour conduire les programmes de réconciliation, certaines associations ont mené un travail d'écoute avec chaque partie – les victimes et les génocidaires – en laissant le temps nécessaire à chacun pour avancer. Progressivement, les personnes ont pu entrer en lien, s'envisager, demander pardon et pardonner. » Je réalise davantage en leur parlant à quel point la notion de temps est fondamentale : trop souvent, dans diverses situations, nous voudrions que les victimes rebondissent avant même de leur avoir laissé l'espace et le temps suffisant d'exprimer (voire de réaliser elles-mêmes) l'ampleur de leurs souffrances. Nous voudrions écourter au plus vite ce moment fort inconfortable de libération de leurs paroles et de leurs émotions, car en réalité, la souffrance exprimée laisse souvent celui qui l'entend démuni et impuissant. Loin de se victimiser, ce processus permet au contraire à la victime de reprendre progressivement son pouvoir d'action, et à celui qui écoute de faire tomber ses armures de protection pour se laisser toucher. Ce temps respecte les étapes du chemin de toutes les personnes impliquées dans ce processus, pour conduire à la rencontre de cœur à cœur, à la guérison et à la libération de chacun.

J'ajoute : « Au Rwanda, il y a eu beaucoup de travail collectif : pour les veuves par exemple, les enfants nés d'un viol ou les enfants de prisonniers… Cela semble les avoir aidés. » Nous mettons ainsi en lumière l'importance du soutien de la communauté. Nous poursuivons notre échange, abordant aussi les questions de réparation, de commémoration, de réintégration ou la place de la spiritualité pour accompagner le processus de réconciliation… Professeurs et étudiants réagissent et débattent entre eux. Quand je les observe, cet échange me paraît tellement important ! C'est peut-être cela dont nous manquons également : Des espaces pour prendre du recul, réfléchir, analyser le passé pour mieux construire l'avenir…

Le risque de l'idéalisation

Je retrouve Tom, professeur d'université et ancien directeur d'ONG qui a beaucoup travaillé dans le domaine de la consolidation de la paix. Nous nous sommes rencontrés il y a quelques jours et nous avons sympathisé. Je lui raconte comment s'est passé mon entretien avec élèves et professeurs. Nous parlons du Rwanda. Il réfrène mon élan de joie et me met en garde : « Attention ! Le Rwanda n'est pas idyllique non plus ! » Il m'explique les limites du gouvernement qui n'a pas voulu reconnaître ce que des Hutus ont subi pendant le génocide. Il cite le cas d'une jeune femme qui avait été violée et s'était présentée devant les tribunaux *gacaca*. Parce qu'elle était hutu, elle n'a pas été reconnue dans ce qu'elle avait subi. Elle a été doublement victime : par le viol, par le silence et l'absence de jugement.

Je découvre le revers de la médaille du Rwanda et cela m'affecte profondément. Peut-être étais-je tombée dans le piège de vouloir idéaliser un système, un modèle de réconciliation, un pays. Il est en effet sécurisant de se dire que des personnes ont trouvé la solution et qu'elles offrent ainsi un modèle infaillible de réconciliation. Nous sommes tous des êtres humains, avec nos forces et nos failles, nos parts d'ombre et de lumière. Cela exige de toujours rester en alerte, de savoir régulièrement se remettre en question, de discerner, de formuler des critiques constructives. C'est seulement ensemble, en se positionnant comme d'éternels «chercheurs», que nous pouvons expérimenter et avancer. Cela me rappelle les paroles que Desmond Tutu a prononcées en ouvrant la Commission vérité et réconciliation: «Nous sommes un peuple blessé, à cause des conflits de notre passé et peu importe de quel côté nous étions. Nous autres, à la commission, ne sommes ni des surhommes ni des exceptions. Nous avons aussi besoin du pardon, nous avons aussi besoin de pardonner[1].»

Desmond Tutu a insisté pour que chaque groupe ayant commis des exactions en Afrique du Sud passe devant la commission. Il a par exemple fortement encouragé l'ANC[2] à faire une demande d'amnistie pour les crimes perpétrés dans le cadre des mouvements de libération. Ces derniers ont refusé. Desmond Tutu a menacé de démissionner, jusqu'à ce que l'un d'entre eux fasse une déclaration au nom de l'organisation, reconnaissant les crimes commis par ses militants. Par ce geste, Desmond Tutu voulait que toute victime ou famille de victimes soit reconnue dans sa souffrance, et qu'elle puisse retrouver ainsi sa dignité. Pour ces êtres blessés et opprimés, il devait être infiniment douloureux de ne pas être seulement «victimes» mais aussi «auteurs de crimes». C'est comme si elles attendaient une parole de reconnaissance et de pardon, et qu'elles-mêmes se retrouvaient à devoir demander pardon...

Après toute cette réflexion, je réalise à quel point le processus de réconciliation est important. Déconcertée par les constats qui mettent en lumière ses failles, je prends conscience que le principal obstacle n'est pas le processus lui-même, mais le fait de ne pas aller au bout de sa réalisation. Que ce soit au niveau individuel, interpersonnel, communautaire, national ou international, en plus d'un engagement sincère et transparent,

---

1. *Ibid.*
2. Congrès national africain, parti politique.

dans un rapport d'égalité et d'authenticité, le processus de réconciliation demande du temps, de la réflexion, un suivi et des moyens.

Ela Gandhi, un héritage à transmettre

Je rejoins Hailey, qui m'héberge. La quarantaine, elle est américaine et mariée à Malibungwe, zoulou. Ils ont deux magnifiques enfants métis. Le courant passe entre nous. Hailey me raconte souvent tout ce qu'elle invente pour promouvoir la paix : implication dans le groupe interreligieux de la ville, animation du « club de la paix » auprès de jeunes adolescentes, séminaires autour de la question des violences faites aux femmes, sur l'écologie... Aujourd'hui, elle m'accompagne pour un rendez-vous très important. Ela Gandhi, plus de 80 ans, nous accueille. « Soyez les bienvenues ! » nous dit-elle de sa voix chevrotante. Immédiatement, je suis envahie par l'atmosphère qui règne dans ce lieu, hautement spirituel et apaisé. J'ai l'impression d'entrer dans un temple sacré.

Dans cet humble petit appartement, surplombant Durban et l'océan, le salon de taille modeste est comme un musée sur un voilier : livres, tableaux et photos couvrent les murs. Desmond Tutu, Nelson Mandela, le dalaï-lama, Gandhi et sa famille sont là... Ela est l'une de ses petites filles. Hailey se dirige vers les fenêtres : « Quelle vue ! Regarde, Rachel, c'est Durban ! La meilleure vue qu'il soit ! » Ela me sourit en me faisant signe d'aller rejoindre Hailey. Je m'approche. Les immeubles reflètent le soleil et contrastent avec le bleu profond de l'océan, tellement apaisant. Alors qu'Hailey et Ela partent à la cuisine chercher des verres d'eau, je me retrouve seule dans cette pièce chargée d'énergies positives. Je regarde la bibliothèque et m'approche. Tant de trésors et de sagesses sont condensés dans ce petit espace. Je me sens vibrer de l'intérieur et touchée, tellement privilégiée d'être là. J'ai l'impression de sentir toute la force de mon projet. Je sens que je suis dans les pas de ces personnes qui ont transmis beaucoup d'amour à l'humanité. Elles ont donné jusqu'à leur vie dans ce chemin de non-violence et de paix. Je sens une émotion profonde m'envahir. Soudain, je me sens observée. Je lève la tête et vois Gandhi qui me regarde. Son buste imposant est posé au-dessus de la bibliothèque. Quelle sensation ! Hailey et Ela reviennent.

Nous buvons rapidement nos verres d'eau puis il est déjà temps de repartir. Hailey part de son côté, je reste avec Ela. Nous partons en voiture, direction le Phoenix, là où Gandhi a vécu vingt et un ans. Sur le chemin, Ela m'explique : « Ici, c'était la nature. Gandhi a choisi de s'y installer pour vivre modestement avec ceux qui partageaient les mêmes idées que lui et désiraient les expérimenter. L'idée était de créer un lieu de vie communautaire, de partage des mêmes valeurs, de réflexion, où tous pouvaient vivre et prier ensemble, quelle que soit leur religion. Chrétiens, hindouistes, musulmans habitaient là dans la même unité. » J'imagine Gandhi ici. Porté par ses valeurs et ses convictions pour défendre les droits de l'homme.

Nous entrons dans un quartier très pauvre. Enfants et adultes nous dévisagent. Des barrières s'ouvrent. Un gardien salue Ela en inclinant inlassablement la tête, par signe de considération et de respect. Il est très touchant. « C'est ici que Gandhi a vécu ! Sa maison a été détruite puis reconstruite quelques années plus tard[1] », me dit Ela. Nous entrons dans cette maison devenue musée. Ela retrace la vie de Gandhi en s'appuyant sur des tableaux explicatifs : ce qui l'a inspiré, ses engagements

---

1. En 1985, des violences ont éclaté dans la zone dans laquelle le Phoenix était situé. Cette zone n'avait pas été déclarée par la loi sur les zones collectives de l'Afrique du Sud, afin de loger les personnes sur une base raciale. Les personnes d'origine indienne ont donc été chassées et leurs maisons ont été soit immédiatement occupées, soit pillées et incendiées. Le Phoenix a été incendié et la maison de Gandhi, complètement démolie.

politiques, son évolution de pensée, la naissance de sa vision pour la non-violence... Je redécouvre comment Gandhi a été profondément marqué par la *Lettre à un Hindou* de Tolstoï. Ce texte l'avait tellement bouleversé qu'il avait écrit à l'auteur lui-même, en Russie[1]. Gandhi aurait découvert la non-violence grâce à lui. Selon Jean-Marie Muller, Tolstoï[2] aurait théorisé la non-violence et Gandhi l'aurait institutionnalisée.

Je poursuis la visite. Je découvre que l'intitulé « Mahātmā », comme certains aiment le désigner, signifie en sanskrit « grande âme ». Gandhi a toujours refusé ce qualificatif.

L'exposition rend maintenant hommage à Gandhi et Mandela. Un immense mur tapissé de photos apparaît devant nous. Ces hommes aux sourires éblouissants illuminent la pièce, mon cœur et mon esprit. Je redécouvre l'importance pour Gandhi de la proximité avec la nature, de la vie communautaire, du partage d'une vision commune pour l'avenir avec ses pairs, et de la spiritualité. Il a donné tant de messages de paix ! Je prends davantage conscience de sa lutte contre la modernité occidentale et contre toute forme d'oppression. Il était à la fois méditant et militant[3]. Ela ajoute : « L'une des dernières notes laissées par Gandhi en 1948 est la suivante : "Je vais vous donner un talisman. Si tu as des doutes, mets devant tes yeux le visage de l'homme le plus pauvre que tu aies vu, et demande-toi si ce que tu t'apprêtes à faire lui sera bénéfique... Alors tu verras tes doutes et ton moi disparaître[4]..." » Ses paroles expriment la

---

1. La revue *Alternatives non violentes* a retrouvé et publié ces quatre lettres échangées entre Tolstoï et Gandhi, en 1893. Voir le numéro 153 intitulé *Tolstoï, précurseur de la non-violence*, « La correspondance Gandhi-Tolstoï », 2014. Article également disponible sur le site www.alternatives-non-violentes.org.
2. Léon Tolstoï, *Le royaume des cieux est en vous*, Éd. Le Passager clandestin, Paris, 2019.
3. Voir Abdennour Bidar, *Révolution spirituelle*, Almora, Paris, 2021.
4. Mahātmā Gandhi, *The Last Phase*, Navajivan Publishing House, Ahmedabad, 1958, vol. II, p. 65.

pensée sociale la plus profonde de Gandhi!» s'exclame Ela. Je la questionne :

— Avez-vous toujours grandi dans cette ambiance de non-violence ?

— Oui, j'ai toujours été élevée avec ces valeurs.

Sous sa discrétion naturelle, on devine qu'elle en est très honorée.

— Qu'est-ce qui vous a le plus marquée chez votre grand-père, quand vous étiez enfant ?

— Son amour inconditionnel pour tous. Je suis aussi bénie par l'amour immense qu'il avait pour nous, ses petits-enfants. C'était un grand-père très aimant et plein d'attentions ! Quelques semaines avant de mourir, il m'a écrit une lettre, alors que je n'avais que 7 ans ! J'ai compris plus tard que c'était une période où il devait être très préoccupé. N'est-ce pas de l'amour infini ?

Je sens Ela très émue de ce geste plein de tendresse. «Ma maman a offert tout ce qu'on avait de lui au Musée national de Gandhi à New Delhi. Elle voulait que tout soit entre de bonnes mains et offert pour les autres. Ma lettre est là-bas, elle aussi... Tu verras si tu peux y aller ! C'est un très beau musée !»

Dans l'une des pièces, des panneaux énumèrent les grandes manifestations et réussites accomplies dans le monde, grâce à l'inspiration de la pensée non violente gandhienne. Les dates s'arrêtent autour de 2005. J'interpelle Ela :

— Il manque la suite !

Elle rit.

— Oui, d'autant plus qu'il y aurait bien à faire aujourd'hui ! Dans ce monde où règnent tant de violences, il est essentiel de prôner que la non-violence est la seule issue pour avancer ! Nous avons besoin de nouveaux Gandhi et Mandela aujourd'hui !

Oui, elle a raison... Et si nous mettions davantage en lumière tous les Mandela et les Gandhi qui œuvrent dans l'ombre pour la non-violence, la paix, le pardon ou la réconciliation ? Nous serions sans doute surpris...

Pardonner et suivre ses valeurs

Je pars direction Le Cap. Les montagnes côtoient l'océan. Après avoir rencontré des personnes de la fondation Frederik De Klerk, je me rends au parc de la reine Victoria. Là-bas, je rencontre Berry Behr, responsable du groupe interreligieux de la ville et Gordon Oliver, maire du Cap à la fin de l'apartheid. Il me raconte ce jour historique que fut la sortie de prison de Mandela, puis m'explique comment, avec son équipe municipale, ils ont été les premiers à changer les lois sur l'apartheid au sein de la ville, pour autoriser Noirs et Blancs à aller dans les mêmes commerces, les mêmes bibliothèques, les mêmes plages… Gordon ajoute : « Nous avons mis en place ces nouvelles lois, mais c'est grâce au peuple que tout cela a pu avoir lieu ! » J'ai une douce pensée pour Ishmaël, qui a soif de cette reconnaissance officielle du rôle que l'ensemble de la population a joué, pour changer le cours de l'histoire.

Le soir, je suis hébergée chez Pieter. Nous avons été mis en lien par Ginn Fourie que je dois bientôt rencontrer. Il me confie son regard en tant qu'Afrikaner : « Enfant, je n'avais pas conscience de toutes ces différences. Pendant mes vacances, je retrouvais toujours un enfant noir avec qui j'aimais jouer, dans la ferme de mes grands-parents. Il était mon ami. Et puis, je ne l'ai plus revu. Bien plus tard, j'ai découvert, dans les propos tenus par mon père, toute l'aversion qu'il avait pour les gens de couleur, ainsi que pour les Britanniques. Mes arrière-grands-parents ont été capturés par les Britanniques pendant la guerre anglo-boer[1] et la famille a presque toute été décimée dans les

---

1. Désigne deux conflits intervenus en Afrique du Sud à la fin du XIXe siècle entre les Britanniques et les habitants des deux républiques boers indépendantes. Les Boers étaient les descendants des premiers colons d'origines néerlandaise, allemande et française, arrivés en Afrique du Sud aux XVIIe et XVIIIe siècles. Le terme de Boer (fermier en néerlandais), qui désignait principalement les habitants des républiques boers, laissera, au XXe siècle,

camps de concentration britanniques. Quand je suis entré à l'université, j'ai décidé de rejoindre l'Église anglaise, car je ne me sentais plus à l'aise dans l'Église afrikaner qui soutenait le régime d'apartheid. Cela ne correspondait pas à mes convictions religieuses selon lesquelles tous les êtres humains sont égaux aux yeux de Dieu. Quand mon père, ministre du culte dans une église afrikaner, s'en est rendu compte, il est entré dans une colère sombre! Il a coupé ses liens avec moi, il ne comprenait pas que je m'associe à des gens qui avaient chassé notre famille autrefois. À sa mort, j'ai appris qu'il m'avait déshérité. Cela m'a attristé, mais je lui ai pardonné avec le temps et je ne regrette rien. L'important était d'être en accord avec mes valeurs et de tout faire pour lutter contre ces injustices. Depuis quelques années, j'avais envie de m'investir davantage. Un documentaire télévisé sur Ginn Fourie m'a bouleversé. Sa fille a été tuée lors d'une attaque dans un bar pendant l'apartheid. Ginn a retrouvé l'assassin de sa fille et a réussi à lui pardonner. Cinq ans plus tard, c'est par hasard que je l'ai rencontrée dans un café et que je l'ai reconnue, suite au programme que j'avais vu. Depuis, nous sommes devenus très amis. C'est une femme pleine d'énergie! Nous avons beaucoup échangé et j'ai décidé de rejoindre sa fondation. Par elle, j'ai fait la connaissance de Brian. Ce serait intéressant que tu le rencontres!»

Rendez-vous est pris.

Faire cesser la violence

Je me trouve dans un petit café. Une légère musique de jazz me berce. C'est relaxant et entraînant à la fois. Le soleil illumine le magasin. La vitrine expose gâteaux et petits pains au chocolat. Je prends commande et sors m'installer à l'extérieur.

---

la place à celui d'Afrikaner pour désigner l'ensemble de cette communauté blanche d'Afrique du Sud.

Assise sur un grand siège, appuyée sur une table en bois clair, je savoure un chocolat chaud et un croissant. Brian arrive en me faisant un petit signe interrogatif pour s'assurer que je suis bien la personne qu'il recherche. Je prends la parole :

— Bonjour, enchantée. Merci d'avoir accepté mon invitation.

Après un petit temps d'arrêt, j'ajoute :

— Il ne doit pas être facile pour vous, de répondre à ce genre de sollicitations…

Brian s'assoit en face de moi et avoue :

— C'est vrai, mais mon devoir aujourd'hui est de témoigner.

Je lui souris. Il a tellement d'humilité dans ses yeux.

— Ce sont Pieter et Ginn qui m'ont parlé de vous. Je suis très touchée de pouvoir vous rencontrer aujourd'hui.

Nous échangeons encore quelques mots puis il commence à me raconter son histoire. Brian est né en plein cœur de l'apartheid. Enfant noir, il a été témoin de nombreuses scènes de violence, d'injustice et d'humiliation. Il ne supportait pas l'impuissance qu'il ressentait.

— À 14 ans, j'ai décidé de sacrifier ma vie pour la libération du pays et j'ai rejoint l'Armée de libération du peuple azanien (APLA). J'ai fait de petites actions puis j'ai appris à me servir des armes. Et puis, on m'a proposé de commettre un attentat.

Il s'arrête un instant :

— À ce moment-là, j'étais prêt à tout pour libérer mon peuple, mon pays.

Brian fait tourner le verre de jus d'orange déposé devant lui. Les yeux baissés, il poursuit :

— On nous avait appris à ne pas tuer n'importe qui. Ne pas tuer à tout prix, mais cibler nos oppresseurs. C'est contre eux que nous étions en colère. Pas contre tous les Blancs. On avait choisi ce café, car beaucoup de policiers y venaient. C'était eux, notre cible. Mais des civils ont été tués.

Il s'arrête, silencieux, et continue :

— J'ai été condamné. En prison, un jour, j'ai reçu la visite d'une femme que je ne connaissais pas. C'était Ginn, la maman de Lyndi, une victime de l'attentat. Elle venait m'annoncer qu'elle voulait me pardonner.

Brian secoue la tête avec beaucoup d'émotion et ajoute :

— J'étais dubitatif. Nous avons pris le temps d'échanger. Elle m'a raconté comment sa vie avait été ébranlée puis elle m'a beaucoup écouté. Elle m'a expliqué qu'elle voulait rebondir, vivre, témoigner pour Lyndi, et faire sa part, pour stopper la haine et la violence. Nous avons parcouru un long chemin ensemble, puis nous avons décidé de raconter notre histoire. Ginn m'a fait le cadeau de me pardonner. Je veux maintenant œuvrer à ses côtés.

— Quand j'ai rencontré Ginn, j'ai senti en elle une force incroyable, un ancrage et une profonde détermination... J'ai l'impression aussi qu'elle est très portée par ce travail que vous menez !

— Oui, Ginn aime dire que s'il y avait plus d'espace pour parler de nos blessures, et pour se comprendre, le monde pourrait être très différent. Nous avons voulu promouvoir ce message de pardon, et nous avons même fait un film intitulé *Beyong Forgiving, Au-delà du pardon*. Par la suite, je suis passé devant les commissions vérité et réconciliation. En juillet 1998, j'ai obtenu l'amnistie...

Un silence s'installe entre nous. Brian me regarde. Je sens qu'il est bouleversé par le pardon reçu de Ginn. Il veut aussi honorer le fait d'avoir été gracié. Mais je perçois aussi en lui un poids écrasant. Peut-être celui de la culpabilité. Comme s'il lisait dans mes pensées, Brian ajoute :

— Tout ce que je vois, c'est que la violence n'a donné aucun résultat.

Je sens beaucoup de tristesse et d'amertume en écoutant Brian. Ses paroles font écho à tant d'autres personnes, civils ou anciens leaders politiques que j'ai rencontrés et qui partagent cette même désillusion... Dans une vidéo que j'ai visionnée, l'un d'entre eux évoquait toutes les alternatives qui ont permis la fin du système de l'apartheid dans leur pays : la mobilisation du peuple, le boycott et les sanctions économiques, la pression internationale, les relations diplomatiques[1]... Mais la conclusion sur la violence est souvent la même. Un guide de Robben Island[2], ancien prisonnier, m'a tenu le même discours : « Dis à tout le monde autour de toi que la violence ne mène à rien. Il faut tout faire pour l'éviter. »

Brian reprend :

— Quand Ginn a demandé à me rencontrer, et qu'elle m'a pardonné, c'était le plus beau cadeau que je pouvais recevoir... Quand j'ai été gracié devant la Commission vérité et réconciliation, c'était le second ! Si je témoigne aujourd'hui, c'est pour proclamer qu'il faut que cette violence cesse. Partout dans le monde...

Je note dans son récit que c'est l'impuissance qui a poussé Brian à prendre les armes. C'est cette même impuissance, liée aux conséquences de les avoir prises, qui aujourd'hui le condamne. Il n'est pas possible de revenir en arrière. D'où la difficulté d'accepter le passé. Je pense à ma thérapeute qui souligne parfois que la culpabilité n'est ni de l'amour pour soi, ni de l'amour pour l'autre. Elle n'est pas le bon levier pour poursuivre un chemin de réparation. Je pense à Blaise, au village de réconciliation au Rwanda, qui m'a affirmé, rayonnant, sa nouvelle voie d'action après avoir reçu le pardon : celle de l'amour. Je voudrais poser la question à Brian, mais je ne parviens pas à la formuler : « Et toi, as-tu réussi à te pardonner ? »

La pudeur du pardon

À la fin de notre rencontre, je découvre, aux hasards des chemins, une petite chapelle, dans un pré isolé. Une plaque me

---

1. Vidéo diffusée sur YouTube : « An audience with Letlapa Mphahlele », 14 janvier 2020.
2. Île où a été fait prisonnier Nelson Mandela pendant vingt-sept ans.

saute aux yeux : « Dépose ici ton fardeau. » Comme la question de Blaise au village de réconciliation, « où en es-tu par rapport au pardon ? », elle me saisit le cœur. Suite à l'entretien que je viens de vivre, cette phrase sonne comme un coup de tonnerre en moi, et remet en lumière tel l'éclair ce que je dois libérer. J'ai vécu un temps fort et précieux dans mon chemin de pardon au Rwanda. J'ai réussi à me pardonner intérieurement.

Quant au reste… combien de temps vais-je traîner cela ? Que faire de ce sentiment d'impuissance qui me colle à la peau ? Moi non plus, je ne peux pas réécrire le passé. Mais vais-je rester le cœur déchiré ? Je m'imprègne de l'atmosphère de cette chapelle et je m'assois. Je pense à toutes mes blessures, à tout ce poids que je traîne comme des verrous au cœur et des boulets aux pieds. Je fais silence à l'intérieur de moi. Toutes les phrases entendues pendant mon voyage résonnent alors dans mon cœur : « Vouloir pardonner, c'est déjà pardonner » affirme Melhem au Liban. « J'étais mon propre prisonnier » rappelle Wajeeh en Palestine. « Tu vas y arriver » m'encourage Stella au Kenya. « Avec l'amour, on peut tout ! » promet Gloria. Sandra au village de réconciliation me rassure : « Le pardon ne se force pas. C'est un chemin ! » Blaise, avec son visage lumineux, me chuchote : « Prends ton temps. Nous allons prier pour toi. » Et avec ses yeux pétillants, il ajoute : « L'amour pourra reprendre toute sa place dans ton cœur ! »

Tahiri, une amie rencontrée récemment, me dit : « L'heure la plus sombre de la nuit est celle avant l'aurore. » Quelle chance inouïe j'ai eue d'avoir rencontré ces êtres bien vivants… Quel cadeau de la vie… Je vois tout le chemin que j'ai parcouru. Et découvre celui qui s'ouvre à moi. Je pense à tous ceux que j'aime. Une vague d'émotions me transporte. Je pleure. Ce sont des larmes qui me nettoient. J'imagine soudain la personne à qui je dois pardonner, qui m'observe non loin de moi, le regard triste. Je lui souris. Je réalise avec surprise que je ne ressens plus de colère envers elle. Je la regarde longuement. Je sens une vague d'amour se répandre en moi délicatement. Elle part de mon cœur et circule dans mon corps. Soudain, j'ai envie de donner de cet amour à la personne qui m'a blessée. Je la découvre à nouveau dans son humanité. Est-ce cela, pardonner? Serait-ce le premier «oui, je te pardonne» d'un long chemin de vie? Tremblante, je souris, au milieu des larmes qui inondent mon visage, devenu fontaine de vie.

J'accueille ce moment les yeux fermés. Je remercie alors tous ceux qui ont su m'ouvrir leur cœur, se livrer, pour m'aider à cheminer. Je remercie ces mêmes personnes qui ont su respecter mon rythme et mon silence, et écouter avec douceur, seulement ce que j'étais prête à confier. Je pense à ce moment-là aux paroles de mon papa, hémiplégique et aphasique, à la suite d'un AVC. À la fin d'un pèlerinage à Compostelle, il avait voulu adresser au groupe, avec qui nous étions partis, les paroles suivantes: «Je suis venu ici avec un fardeau qui se voit. Mais chacun d'entre vous porte des fardeaux qui ne se voient pas.»

Aujourd'hui, ses paroles résonnent en moi, différemment, à propos du pardon. Certaines plaies se voient, d'autres ne se voient pas. Combien de personnes que je rencontre dans ma vie souffrent et ne peuvent pas dire pourquoi? Certaines blessures sont difficiles à révéler. Certaines blessures restent à jamais cachées. Demeure dans le pardon, une pudeur à respecter. Le plus important n'est pas la raison de la blessure mais le chemin qui se dessine pour se libérer.

PARTIE 3

DE LA PEUR À LA PAIX, LE CHOIX DE LA VIE

La Réunion, Inde, Népal, Philippines, Brésil

La Réunion

« Nous sommes tous les branches d'un même arbre, les vagues d'un même océan »

Me voilà à La Réunion. Cette escale s'est improvisée au cours de mon voyage au Liban. Là-bas, j'avais rencontré par hasard une équipe interreligieuse réunionnaise[1], avec qui j'avais rapidement sympathisé. Après leur avoir exposé l'objet de mon voyage, Peggy Baichoo, membre du groupe, m'avait interpellée : « Tu ne peux pas faire ce tour du monde sur ce thème, sans venir découvrir ce qui se vit à La Réunion ! Nous sommes un modèle du vivre-ensemble ! Viens, nous t'accueillerons ! » J'aime ce genre d'ouverture à la vie qui laisse place à la spontanéité des rencontres et aux surprises. J'avais donc saisi cette opportunité pour découvrir ce qu'il y avait de si particulier, sur cette île aux mille saveurs.

Peggy, presque 70 ans et débordante d'énergie, m'explique : « Bon, je t'ai concocté un petit programme exceptionnel pour ton séjour ! Tu as peu de temps mais il y a beaucoup de choses à voir ! Demain, tu iras avec Bénédicte, qui est catholique, à la synagogue ; mardi, avec Clément au centre Zen ; mercredi, je t'accompagnerai au temple hindouiste et à la cathédrale ; jeudi, Ibrahim nous présentera la mosquée sunnite et Mahamad la mosquée chiite ; vendredi, nous irons au centre diocésain, où Iqbar, musulman, ira chercher les clés auprès de l'évêque, pour l'une de nos réunions. Ensuite, nous rencontrerons des

---

1. Le Groupe de dialogue interreligieux de La Réunion (GDIR).

étudiants qui se forment pour le diplôme universitaire « République et religions » sur la laïcité. Nous recevrons à la maison le groupe de femmes pour notre prière interreligieuse et nous terminerons par des rencontres avec nos deux groupes : celui de Saint-Denis proposera une conférence pour étudier l'approche que Gandhi avait avec chaque religion et celui de Saint-Pierre ouvrira une réflexion à partir de l'analyse de la violence dans les textes sacrés. Ça te va ? »

Je regarde Peggy stupéfaite. Tout mon séjour est servi comme sur un plateau, avec un programme plein de richesse et de diversité. Mais ce qui me fascine le plus dans son descriptif est de percevoir que les personnes qui m'accompagneront ne sont pas toujours celles qui ont la foi associée au lieu visité. Peggy me répond :

— Oui, car nous considérons que nous sommes tous de la même famille. Le jour où chacun pourra parler et défendre la religion de l'autre même en son absence, alors là, nous pourrons réellement parler d'unité. » Cette réflexion m'interpelle. Au fond, je la trouve très belle! N'a-t-on pas à apprendre ensemble du regard ou de la spiritualité des uns et des autres, pour se comprendre, s'enrichir mutuellement puis se soutenir, dans le respect de nos différences ?

Peggy ajoute :

— Moi, je suis bahaï[1]. Dans notre livre saint, il est dit : « Nous sommes tous les branches d'un même arbre, les vagues d'un même océan. »

— Mais il n'y a pas de difficultés à La Réunion, entre communautés ?

Ma réflexion l'amuse, elle commente :

— Depuis que les différentes communautés sont arrivées à La Réunion, elles ont appris à vivre dans le respect, la fraternité et la solidarité. C'est l'héritage de nos ancêtres, que nous

---

1. Religion monothéiste proclamant l'unité spirituelle de l'humanité. Elle est fondée en Iran par le Persan appelé Bahá'u'lláh.

devons préserver et améliorer. Cette île porte bien son nom : nous sommes la réunion de toutes les cultures et de toutes les religions ! Nous ne sommes pas parfaits, bien sûr. Comme partout, nous faisons face à des défis et des difficultés, mais nous pouvons fièrement être un exemple du vivre-ensemble !

Tout en m'apportant une assiette de fruits exotiques, Peggy me parle de ses autres engagements : « Je fais aussi partie d'une association appelée Trait d'union, qui travaille autour de la laïcité. Pour elle, la laïcité repose sur trois principes : la liberté de croire ou de ne pas croire, la neutralité de l'État et des institutions étatiques, la lutte contre toutes les formes de discrimination et le fait de faciliter l'intégration des minorités. La laïcité est un outil pour avancer ensemble, car elle permet la liberté à chacun de vivre sa religion, dans le respect des uns et des autres ! » Nous continuons notre partage en nous préparant pour le marché.

Prières interreligieuses et couples mixtes

Au fil des jours, je retrouve les membres de l'équipe rencontrés au Liban et de nouvelles personnes. Synagogues, mosquées, temples, églises, cathédrales... Au cours de mes visites dans chacun de ces monuments sacrés, j'échange avec des personnes qui m'accueillent pour m'expliquer l'histoire, les rituels, les figures spirituelles, les mythes, la vie de la communauté... Chacun me dévoile les trésors du lieu, et me livre sa foi avec humilité. Nous vivons des échanges très profonds, où nous parlons depuis notre cœur, à partir de nos réalités. Quel bonheur que personne ne prétende avoir toute la vérité. Chacun reconnaît être en recherche et en chemin... Cela m'évoque une émission radio où Marc-Alain Ouaknin, philosophe et rabbin, expliquait avec beaucoup de poésie : « La rencontre avec Dieu, c'est un trou dans le langage, c'est un silence, comme un appel. Transformer Dieu qui est question, en Dieu qui est réponse, c'est le début de l'idolâtrie et le début de l'illusion d'avoir prise sur lui[1]. » Boris Cyrulnik, neuropsychiatre connu pour avoir popularisé le concept de résilience, avait ajouté : « Quand Dieu se transforme en slogan, il n'existe plus. C'est l'arrêt de la pensée. On ne fait que répéter et c'est la mort de l'âme… Au contraire, le doute, l'échange, la réflexion, l'interprétation, c'est donner vie à Dieu. Il y a des gens qui éprouvent le besoin de certitude. Alors que la religion comme la science, il me semble, c'est le plaisir du doute [c'est le doute qui nous permet de progresser et de nous rencontrer]. »

Les rencontres sont pour moi si belles et si précieuses. Je repense à Émile Moatti en Israël, qui me confiait que ces temps d'échanges interreligieux faisaient partie des plus beaux moments de sa vie. Au centre zen, Clément me propose de participer à une conférence, suivie d'un temps de méditation. J'accepte. Souvent, certains sont frileux quand il s'agit de prier avec d'autres qui ne partagent pas leur foi. Elles craignent le syncrétisme. Pour ma part, j'éprouve une telle joie en priant ou en méditant avec ces personnes ! Cela me plonge dans de nombreux souvenirs. Je me revois en train de prier avec des moines orthodoxes dans une chapelle sombre de Serbie, avec une grand-mère musulmane dans une mosquée de Malaisie, avec un moine de passage dans un temple bouddhiste de ce même pays, avec une amie indienne dans un temple hindouiste, avec Lucien Lazare, survivant de la Shoah, dans une synagogue en Israël, avec des adventistes au Rwanda, avec Hailey et sa famille bahaï avant le repas, avec des chrétiens de la Mission de France[2] pour la fête de Pâques, avec des jeunes subsahariens pour cette même fête en Algérie. Je me vois encore avec la communauté œcuménique de Taizé, lors de séjours d'amitié chrétiens-musulmans, méditer avec Thích

---

1. Marc-Alain Ouaknin, « Croyances », France Inter, avril 2020.
2. Communauté de chrétiens constituée de prêtres et de laïcs qui vivent avec le monde actuel.

Nhất Hạnh[1] au « Village des pruniers », m'associer à une fête spirituelle afro-brésilienne, fêter l'Aïd, célébrer shabbat, réfléchir avec de jeunes croyants, agnostiques ou athées, au Sésame[2], à partir de textes de sagesse orientale ou occidentale, laïque ou spirituelle...

Cela me bouleverse. Pourquoi? Parce que pour moi, ce sont des temps offerts où nous nous retrouvons tout petits face aux grands mystères de la vie, où nous nous donnons un espace pour réfléchir à notre quête de sens et de sagesse... Dans ces moments-là, je me sens reliée à l'infinie douceur, humilité et bonté de chacun. Quel que soit ce qui habite notre silence, je sens souvent une vague d'amour immense me submerger... À la fin de ces temps de prière, de recueillement, de communion, de réflexion, avec croyants, agnostiques ou athées, je croise souvent des regards pleins d'émotion de ce temps partagé ensemble, dans le respect et la simplicité.

C'est avec le groupe de femmes qui se réunit de temps en temps pour des prières interreligieuses que je vais continuer de réfléchir à toutes ces questions. Danièle, Reine-Claude, Élodie, Bénédicte, Béatrice et bien sûr Peggy sont là. Toutes sont heureuses de se retrouver. Nous faisons connaissance et je découvre que plusieurs d'entre elles se sont mariées avec quelqu'un d'une autre religion que la leur. Elles se confient. Danièle me dit: « Moi j'ai grandi dans une famille où Dieu a toujours occupé la première place! J'avais 24 ans quand je suis tombée amoureuse de celui qui allait devenir mon mari: Idriss. Il était beau, gentil, drôle et... musulman. Quand nous

---

1. Moine bouddhiste engagé enseignant la pleine conscience dans le monde entier. Il vit actuellement au Village des pruniers, centre de méditation et monastère bouddhiste, dans le sud-ouest de la France.
2. Lieu de recherche spirituelle fondé par Abdennour Bidar et Inès Weber dont l'objectif est de réfléchir aux enjeux de la vie spirituelle, à partir de l'héritage des différentes sagesses philosophiques et religieuses, d'Orient et d'Occident.

nous sommes présentés mutuellement à nos familles, c'est là que nous avons compris que les choses allaient être plus compliquées que prévu. Mais quoi qu'allaient en dire nos parents, nous avons décidé en préparant notre mariage que nous allions nous respecter tels que nous étions : je resterai catholique et lui musulman ! » Danièle rit et toutes celles qui l'entourent lui sourient avec bienveillance. Elle affirme : « Nous étions heureux et nous témoignions que Jésus et Allah s'entendaient bien chez nous. Nous pratiquions et vivions nos religions respectives dans la complicité et le respect. Nous passions de l'Aïd à Pâques, de Noël au ramadan sans problème ! Nous avons enseigné à nos enfants qu'il y avait un Dieu Amour qui veillait sur nous. » Danièle me sourit avec mélancolie. « Idriss est parti beaucoup trop tôt. Huit ans après notre mariage, il est décédé. J'ai essayé de faire mienne une devise de l'abbé Pierre : "Quand tu souffres, aime plus fort." Le hasard (certains disent que ce n'est que l'ombre de Dieu) m'a donné l'occasion de retrouver un ami que j'avais perdu de vue. Il m'a invitée à rejoindre le groupe de dialogue interreligieux. Je me retrouve donc ici aujourd'hui pour vivre ma foi d'une manière renouvelée ! »

Les échanges se poursuivent, jusqu'à ce que Reine-Claude partage à son tour son récit : « De notre côté, dans les années 1960, mon grand-père paternel hindouiste accepta de marier son fils aîné à une catholique. Ce dernier aurait dû reprendre le temple situé dans la cour. Il accepta de marier son enfant à quelqu'un d'une autre religion et qui consommait le bœuf, animal sacré chez les hindouistes ! Il a ainsi fait preuve d'une grande tolérance ! Et son fils a même fini par cuisiner le bœuf à sa famille... À ma maman et à nous ses enfants ! Ces mariages interreligieux, c'est la force et l'essence de la société réunionnaise. » Mon cœur est gonflé de joie de les entendre. L'ambiance est chaleureuse. Nous rions beaucoup et nous nous écoutons.

À la fin de cette magnifique rencontre, je repars avec Bénédicte, afin de rencontrer Claude, son mari. En arrivant, je découvre un homme très bon vivant. Leur maison surplombe l'océan et me berce de douceur. Nous nous installons sur leur jolie petite terrasse, au soleil couchant, autour de l'apéritif. Claude est juif et Bénédicte est catholique. Ils témoignent à leur tour. Bénédicte commence: «Notre rencontre a été incroyable! Tout nous séparait: nos âges, nos religions, nos vécus, nos modes de vie, nos personnalités... Personne ne croyait en notre union! Mais nous avons décidé de nous lancer, et cette année nous fêtons quarante ans de mariage! C'est un mystère!» Elle rit. Claude enchaîne: «Depuis que j'ai rencontré Bénédicte, je crois aux miracles! Ce n'est pas une bonne étoile que j'ai au-dessus de ma tête, c'est une voie lactée! Pour ma part, avant, je n'avais aucune base religieuse, contrairement à elle. Mes parents n'étaient pas des juifs pratiquants, alors que ceux de Bénédicte étaient des catholiques très pieux. Avant de la rencontrer, ma doctrine était: "Sans foi ni loi! Ni Dieu ni maître!" Mais en la rencontrant, cela m'a poussé à replonger dans mes racines! J'ai décidé d'apprendre l'hébreu et le yiddish. Je lis aussi le Nouveau Testament, et je fais même maintenant ma prière, à nulle autre pareille... Mais je prie!»

Ils rient en se regardant.

— Tu te rends compte, Rachel! Tout ce qu'il a mis en place! me dit Bénédicte en soulevant les sourcils.

— Dis donc, toi! Tu peux parler! Tu es plus juive que moi! Claude me regarde:

— Béné, chaque fois qu'elle voit une synagogue, il faut qu'elle entre à l'intérieur!

— Oui! poursuit Bénédicte. Je me considère spirituellement judéo-chrétienne! Pour moi, il n'y a qu'un seul Dieu, alors j'aime aussi aller prier dans les synagogues! Je les trouve magnifiques...

Je les interroge:

— Alors, vos religions n'ont jamais été un obstacle pour vous? Bénédicte répond en riant:

— Il a voulu se convertir au catholicisme pour m'épouser! Il avait entrepris des démarches pour m'impressionner mais ça m'était égal! Il n'avait pas besoin de faire cela pour moi! Bon, moi-même, je me suis posé la question de savoir si je voulais me convertir. Mais je pense qu'il faut ressentir un appel pour changer de religion.

Claude enchaîne :

— C'est vrai que je me suis comparé à Henri IV qui s'était converti au catholicisme, pour devenir roi de France. Moi, c'était parce que j'avais trouvé ma reine! [Il rit.] Plus sérieusement, pour moi, la religion n'a jamais été un obstacle : Béné aurait été chrétienne, musulmane, hindouiste, ça aurait été pareil! Les barrières, c'est nous, les hommes, qui nous les mettons. Pour Dieu, rien n'est impossible!

Bénédicte ajoute en partant chercher un plat à la cuisine :

— Pour moi, c'est une richesse de ne pas être dans le moule!

— Certains nous comprennent, d'autres non! constate Claude. Bon, il faut l'admettre, j'aime beaucoup user de mon humour et ce n'est pas toujours bien perçu. Un jour, je me suis retrouvé dans un avion avec l'évêque de La Réunion. Je lui ai dit : « Monseigneur, vous qui êtes un homme de Dieu, vous allez vous rapprocher de lui, mais ne montez pas trop haut! » Eh bien, tu sais ce qui s'est passé quelques instants plus tard, Rachel? Il a eu une crise cardiaque! Comme je suis médecin, je suis intervenu… Et l'avion a dû atterrir à Malte en urgence. Quand j'ai repensé à la manière dont je l'avais taquiné, je me suis dit que j'aurais mieux fait de me taire!

— Finalement, tu peux dire que tu l'as sauvé! le coupe Béné.

— Oui, bon, il s'en est sorti et depuis, nous sommes les meilleurs amis du monde! Pour moi, la spiritualité, c'est de croire aux miracles, au sacré et aux mystères… Beaucoup ne croient plus en tout cela! Et ça manque, vu l'époque que l'on traverse aujourd'hui!

— Certains se réfugient inversement dans la religion et le rituel. Et pour moi, il ne faut pas que le rituel dépasse le spirituel. Car c'est là que l'on s'éloigne de l'essentiel.

— Oh, c'est beau ce que tu dis! ajoute Claude en regardant Bénédicte avec une flamme dans les yeux.

Quel couple ces deux-là! Je me prends d'affection pour eux. Nous poursuivons notre partage sous les étoiles qui viennent une à une annoncer une magnifique nuit.

En sandales au cœur du volcan

En rentrant, Peggy m'interpelle immédiatement:

— Toi alors, quelle chance! Tellement de touristes aimeraient l'avoir!

— De quelle chance parles-tu?

— Bénédicte ne t'a pas dit? Le volcan, le piton de la Fournaise est entré en éruption!

— C'est vrai? J'ai toujours rêvé voir ça!

— Eh bien nous pouvons dire que tu es bénie...

Dès le lendemain, nous voilà à la tombée de la nuit, sur une colline voisine, pour observer de loin ce volcan. Peggy me pousse du coude:

— Regarde, ces personnes ont un télescope. Et si nous allions leur demander de te laisser regarder quelques instants?

Peggy leur formule sa demande. Ils acceptent poliment. Alors qu'ils entrent en conversation avec elle, je glisse mon œil contre la lunette. Soudain, je suis transportée, comme plongée, en sandales, au cœur du volcan! Waouh! Le rouge vif se mêle au jaune éclatant. La lave bouillonne au cœur du cratère. Des projectiles flamboyants éclatent et volent comme une poudrée d'étoiles filantes en plein cœur de la nuit. C'est magique... Quel spectacle! Je trouve cela à la fois tellement redoutable et saisissant!

Cette image du volcan réactive le souvenir des volcans qui ont fait irruption en moi. Il y a quelques années, alors que je venais de vivre une série d'événements douloureux, j'ai pris conscience que je m'étais coupée de mes émotions et que, depuis mon enfance, je ne pleurais plus en présence de quelqu'un d'autre. Ce déclic m'avait poussée à réapprendre à pleurer. Pourquoi en avoir honte, alors que tout être humain connaît un jour la souffrance ? Pourquoi cacher cette vulnérabilité ? Je me suis alors donné du temps, de l'espace, j'ai écouté en moi les moindres remous qui pouvaient annoncer l'averse émotionnelle. Mais non. Rien ne sortait. Ce n'est que des mois, voire des années plus tard, que le volcan s'est réveillé. Depuis, devant parfois de grandes assemblées, mes émotions décidaient de faire des éruptions volcaniques aussi surprenantes qu'inopinées ! Comme si mon volcan intérieur me disait : « Tu ne veux plus avoir honte de tes larmes ? Alors, assume-les ! » Moi qui n'aimais pas me dévoiler en public, c'était raté...

Après toutes ces années, voire pour la première fois de ma vie un volcan en éruption est passionnant. L'œil collé à la lunette, je m'interroge. Comment la terre peut-elle à ce point bouillonner intérieurement, secrètement, puis soudain éclater ? Ces laves laissent des terres noircies, comme anéanties. N'est-ce pas destructeur ? Et pourtant, c'est bien de ce phénomène que naîtront des terres fertiles... Comment ne pas faire le parallèle avec mon volcan intérieur ?

Inde, Népal

La fête des couleurs

J'arrive à Pune, à une heure de vol de Bombay. En voiture, nous zigzaguons entre les vaches qui errent tranquillement au milieu de la route. Je retrouve Amrita, une amie que j'ai rencontrée ici, il y a quelques années. Avec ses cheveux noirs soyeux, tressés sur le côté, elle ressemble à Jasmine, la tendre aimée d'Aladin. Ses yeux en amande brillent de malice. Elle est toujours aussi belle.

Aujourd'hui est un grand jour : c'est la première fois que je vais rencontrer son mari ! Il y a trois ans, Amrita était encore célibataire et m'avait beaucoup parlé des mariages arrangés. Dans beaucoup de familles indiennes, les parents choisissent une femme ou un mari de la même caste, pour leurs enfants. Amrita ne voulait pas de cela. Elle me raconte qu'elle n'a pas pu échapper à la règle, mais qu'elle a quand même réussi à mettre son grain de sel dans la situation... Après avoir demandé à rencontrer son futur mari au temple hindouiste, elle lui avait discrètement proposé de prendre son numéro de téléphone, pour organiser par la suite avec lui un rendez-vous secret. À cette occasion, elle avait pu lui poser toutes ses conditions pour l'épouser. Elle rit en me regardant captivée par son récit. « Rachel, j'ai beaucoup de chance, tu sais ! Il a accepté, et il a même respecté son engagement ! Il me respecte beaucoup et il est adorable avec moi ! » Pratik rentre à la maison. Je le rencontre enfin. Nous sympathisons rapidement. Il a l'air très ouvert d'esprit. Quel bonheur de voir mon amie si épanouie avec son mari, à la fois imposé et « choisi »...

Amrita me propose d'aller avec Pratik et quelques amis célébrer Holy! Cette fête célèbre la victoire du bien sur le mal, la fertilité et le début du printemps. Elle marque pendant quelques jours l'annulation des différences sociales entre castes, ainsi qu'entre hommes et femmes. Elle offre la possibilité également de pardonner à ses ennemis, de se rencontrer et de célébrer la vie. Nous partons dans un festival géant. La tradition consiste à jeter des poudres de couleur sur ses voisins, en fonction d'une symbolique bien définie. Cela ressemble à un arc-en-ciel qui joue de ses bandeaux avec la vie. La musique Bollywood couvre les rires! Pour rendre la chaleur plus supportable, des jets d'eau arrosent la foule en délire. Tous se bousculent pour pouvoir se rafraîchir! Il y a une telle énergie! En ce jour, je célèbre la vie, ma vie, tellement riche et intense!

Les jours suivants, je continue de découvrir la ville, mais je sens une fatigue extrême qui s'installe insidieusement en moi. Au fil des jours, je me sens plus fragile et vulnérable. Seraient-ce les signes précurseurs d'un volcan en préparation? Je suis tentée de vouloir nier cela. De tout faire pour maintenir l'élan de vie que j'ai reçu à Holy. Mais je n'y parviens pas.

Dégringolade

Les jours passent... Je suis accablée par la canicule écrasante. Je manque d'arbres et de nature. J'étouffe, je n'en peux plus. Moi qui aime avoir chaud, c'est trop. J'ai du mal à bien respirer. Les températures avoisinent les 50 degrés. Parfois moins, parfois plus. Un matin, je découvre qu'à 6 heures, il fait déjà 36 degrés. Nous discutons avec Amrita de la pollution et des conséquences du dérèglement climatique. Elle me parle de la « compensation écologique » voulue par le gouvernement indien, qui demande aux entreprises qu'à chaque arbre coupé, elles en replantent un, ailleurs. Les villes ont laissé place au béton écrasant. Amrita fait ce constat : lors de certaines fêtes hindouistes, les familles font des mandalas devant leurs maisons. Pleins de couleurs, ils sont réalisés parfois à base de poudre alimentaire et de riz. Elle me raconte qu'enfant, elle voyait des milliers de moineaux venir tout dévorer en peu de temps. Depuis quelques années, ils se sont raréfiés. Je l'interroge :

— Pourquoi, d'après toi ?

— Avec toutes les ondes, l'accès internet et la téléphonie mobile que nous avons développés, ils n'ont pas supporté...

Je comprends par là qu'ils sont morts. Leur petit cœur s'est arrêté. Nous leur avons coupé leurs ailes légères. Ils ne pourront plus s'envoler. Nous les avons tués.

Cela me bouleverse. Un jour, une spécialiste en médecine chinoise m'avait indiqué que « mon animal protecteur » était le moineau. Cela m'avait fait sourire, car dans tous les pays où je vais, je vois partout des moineaux. À partir de cette parole, j'avais toujours eu cette douce pensée d'imaginer qu'ils me protégeaient, quel que soit le pays où je me trouvais. La parole d'Amrita a l'effet d'un coup de poing. En touchant à l'image douce, sécure et protectrice que j'ai des moineaux, je me sens attaquée, ébranlée et vulnérable. En même temps que leurs vies, c'est la mienne qui est indirectement menacée.

Dans un média français, j'ai découvert qu'il y avait eu ces derniers jours, une grande action de désobéissance civile menée par l'ONG Alternatiba. Cette organisation alerte la population sur la crise environnementale. L'association dénonce l'inaction de nos politiciens et veut faire pression auprès d'eux, afin qu'ils prennent des mesures rapides et sérieuses pour limiter les dégâts face au réchauffement climatique. Les paroles d'Amrita prononcées dans une chaleur harassante, mêlées aux discours d'Alternatiba, sont comme une gifle brûlante. Ce double choc sonne tel un glas : le dérèglement climatique n'est pas lointain et artificiel. Il a déjà commencé. Le point de « non-retour » est annoncé. Les conséquences sont là, maintenant, et ne vont que s'amplifier.

Je me questionne : « Et toi qui fais le tour du monde en avion ? » Une autre voix intérieure me répond : « Et les conflits, crois-tu qu'ils protègent l'environnement ? Quand une guerre éclate, quand la bombe d'Hiroshima est déclenchée, cela ne détruit-il pas villes, nature et populations ? Agir pour la prévention des conflits, créer du lien, créer des ponts, n'est-ce pas indirectement agir pour "préserver le vivant" ? » L'autre voix renchérit : « Oui, mais il y a certainement d'autres moyens d'action… » Je suis bousculée face à toutes ces réflexions. Je m'interroge sur mes paradoxes, mes choix, mes raisons… Cela m'ouvre à un autojugement sévère.

Je pense à tous les témoignages que j'ai récoltés. « Que vas-tu faire de tout cela ? Vas-tu parler d'eux pour nourrir ton égo, ton image de sauveuse, ta soif de reconnaissance personnelle ? » Je pense aux paroles de Gershon, en Israël, me signifiant : « Tu es venue pour nous sauver ? Merci beaucoup ! » Quelle prétention ai-je ? Qu'est-ce que je recherche véritablement ? Et après, à qui vais-je en parler ? À ceux qui ont une vie paisible, bien rangée, et qui cherchent certaines émotions pour se sentir vivants ?

Toute la conviction de mon voyage est soudainement balayée. Remplie de doutes. J'ai peur. J'ai peur de moi, de mes intentions cachées. Je repense aux paroles d'Ela Gandhi : « Mon grand-père m'impressionnait chaque fois qu'il devait prendre des décisions importantes : pour ne pas se laisser guider ni par la soif de pouvoir ni par la soif de popularité, il prenait le temps de regarder en lui-même et de prier. » Je prie. Je pense à tous ces gens qui m'ont conté l'horreur. Est-ce une curiosité mal placée que d'aller les rencontrer, moi l'Occidentale qui ai grandi avec un cadre sécurisant, dans un pays en paix ? Quelle est ma légitimité pour faire ce tour du monde ? Le doute laisse soudain place à une vague d'angoisse. Je n'ai pas vécu tout ce que ces personnes ont subi, mais le drame de leurs vies m'envahit.

Dans les ténèbres de la peur

Les jours défilent et l'angoisse me colle à la peau. J'ai peur. J'ai peur de toute cette violence dont je suis devenue la témoin. Depuis neuf mois, je plonge dans les extrémités du monde. En voulant découvrir la force et la grandeur de l'être humain, je découvre le summum de son horreur. Je suis ébranlée. Cela me donne le vertige. Pourquoi tant de haine, pourquoi tant d'effroi? Pourquoi être en vie si c'est pour la détruire ainsi? Quel est le sens de tout cela?

J'ai peur. J'ai peur de tous ceux qui instrumentalisent la peur. Qui l'utilisent comme un venin pour nourrir la méfiance et la haine, qui choisissent de diviser pour mieux régner. J'ai peur de ceux qui, obnubilés par leur soif de pouvoir économique, leur influence démagogique, leur pression insidieuse, sont prêts à tout écraser, pour dominer. J'ai peur de tous ceux qui ont peur, tout comme de ceux qui n'ont plus peur. Et qui, quoi qu'il en soit, légitimeraient la violence, sans savoir qu'elle pourrait les conduire à tuer. J'ai peur de ceux qui sont dans le déni et qui gardent des œillères, pour ne pas voir la réalité. J'ai peur de voir les incompréhensions entre groupes ou communautés augmenter, laissant place à toujours plus de mépris, de haine et d'animosité. J'ai peur des murs qui se créent, des fossés qui se creusent, et de constater, impuissante, les extrémismes s'enflammer. J'ai peur de sentir les blessures du passé s'accumuler sans être cicatrisées, laissant des plaies ouvertes gangrener. J'ai peur de la colère qui gronde. J'ai peur du mouvement de foule. Peur qu'on ne puisse plus rien contrôler.

J'ai peur de l'avenir. Peur d'une nouvelle guerre, puissante et dramatique. Peur de notre vulnérabilité face à ce monde démesuré. J'ai peur de notre société numérique, où nos contacts, nos pensées, notre vie privée peuvent être excessivement contrôlés et utilisés. J'ai peur des armes de guerre toujours plus performantes et destructrices. J'ai peur de ces armes robotisées, maniées à distance, ôtant toute l'humanité qui pouvait rester entre deux individus pour se retenir de tuer. J'ai peur de nos bombes nucléaires, aujourd'hui plus de cent fois plus puissantes que celles d'Hiroshima et de Nagasaki. J'ai peur de ce bouton sur lequel il est si facile d'appuyer pour nous décimer, alors que nous pensions le posséder pour nous «protéger». J'ai peur d'un attentat ou d'un accident qui pourraient en un instant nous anéantir. J'ai peur de vivre ou de participer à l'inconcevable. J'ai peur de ma propre peur. J'ai peur de ce monde qui parfois me semble fou.

La peur. Quel est son rôle? Émotion qui accompagne la prise de conscience d'un danger, d'une menace, elle est donc là au départ, pour nous protéger. La difficulté survient au moment où la peur n'est plus spontanée pour accompagner un instant T, mais où elle s'ancre au long terme, laissant le corps sous tension, anxieux, dans un état d'alerte permanent. Le piège apparaît quand la peur n'est plus là pour nous alarmer mais devient elle-même source de danger, telle une toile d'araignée qui nous fige dans l'impuissance extrême et nous rend prisonnier. Le comble de la peur, c'est que parfois, par peur d'être tués, des gens en viennent eux-mêmes à tuer : le résultat de la peur irraisonnée donne lieu à des désastres extrêmes et irréversibles.

Je ne me reconnais plus. Qu'il est difficile de se découvrir étrangère à soi-même! J'ai l'impression d'être au bord d'un gouffre où je vais sombrer. Je suis prise par des images qui me hantent, par des angoisses inconnues qui ont élu domicile dans mon cœur. Ma peur. Elle m'étouffe. Elle veut me protéger mais ne fait que m'asphyxier. Je suis dans ce combat intérieur où je tente de la reconnaître, de l'écouter, mais où je crains qu'elle ne me fasse perdre pied.

Comme un capitaine dans la tempête

Les jours passent.
Je suis comme un capitaine dans la tempête ;
Je tangue, je tombe et je chavire.
La mer est déchaînée et tente de m'engloutir.
Je ne peux plus atteindre la barre, je ne maîtrise plus rien.
L'angoisse me colle à la peau, je suis dans l'incertain.
Le ciel est lourd, le ciel est sombre, le ciel est menaçant.
Autour de moi, seules les vagues déchaînées
claquent dans un bruit assourdissant.
Je crie dans l'infini, mais aucune voix ne me revient.
Je suis dans la nuit. Est-ce vraiment bientôt la fin ?
Mon ventre se tord, ma gorge se noue, mon cœur est déchiré,
Mes jambes, mes bras semblent m'avoir abandonnée.
Ma tête explose, vais-je décompenser ?
Comme une poupée de chiffon,
Je me cogne contre les cloisons.
Je tangue, je lutte, j'abandonne.
Les ténèbres vaincront, abasourdie, je frissonne.

Cauchemar

Je suis dans l'arène.
La foule en folie hurle autour de moi.
Elle bave sa haine avec beaucoup d'émoi.
Face au spectacle annoncé, ils vocifèrent.
Leurs yeux globuleux brûlent d'un plaisir mortifère.
La porte lourde grince de tout son poids.
Un inconnu surgit dans un nuage de poussière.
Par son regard, il me plonge dans ce profond mystère.
Je comprends en une poignée de secondes qu'il faudra faire un choix.
« Tue-la ! Tue-le ! » vocifère la foule qui se déchaîne.

Je n'ai aucune issue, face à cet homme et toutes ces chaînes.
Je suis là, huée, sifflée, encouragée,
Forcée à agir selon un destin qui m'est imposé.
Soit je tue, soit je suis tuée.
Je ne veux pas, je ne peux pas faire cela.
Il tape son arme sur le sol, accompagné d'un râle pour me tétaniser.
Je ne veux pas, je ne peux pas faire cela.
Le signal est lancé, d'un pas lourd, je l'entends s'approcher.
Je ne veux pas, je ne peux pas faire cela.
La sueur de sa rage le fait déjà dégouliner.
Il lève le bras, je lève le mien.
Je n'ai pas le choix.
Ma lance entre dans son cœur.
J'entends le bruit de la chair écartelée.
Je vois ses yeux surpris et choqués, soudain apeurés,
Se vider de leur vie, il tombe.
Je l'ai tué.
L'odeur de la mort vient déjà m'envelopper.
La foule hurle autour de moi. Je suis le vainqueur de l'arène.
Je suis le trophée de la haine, d'une foule qui jubile de ce spectacle funèbre.
Je leur ai vendu le suspens de l'horreur. Je suis maintenant entrée dans le camp des tueurs.
Je me réveille en sursaut, en nage et haletante. J'ai tué. Était-ce la réalité ?
Tous mes sens étaient en éveil. Que s'est-il passé ?
J'ouvre la porte puis la fenêtre et retire tous mes draps.
J'étouffe, il m'est impossible de me recoucher.
Ai-je tué ?
J'ai besoin de me laver. La sueur de la mort et celle de la haine s'incrustent en moi.
J'ai tué.
Comment pourrais-je vivre ? Comment vais-je l'annoncer ?
Je me blottis dans le fauteuil, recroquevillée.

Il est si rapide de tuer.
En un brin de secondes, c'est terminé.
Il est si facile de tuer.
Sous la pression et les projecteurs, prise par la foule et par la peur, j'ai tué.
Je ne pensais jamais que cela pouvait m'arriver. J'ai tué.
C'était un cauchemar, mais si un jour... il devenait réalité ?
Ce n'est pas quand il est trop tard qu'il faut réagir.
Ce n'est pas quand la tension est à son extrême que l'on peut réfléchir.
Ce n'est pas dans le déni que l'on empêchera la haine de gronder.
C'est maintenant, maintenant qu'il faut tout faire, pour ne pas en venir à tuer.
Je repense à Blaise et à Brian. Eux non plus ne pensaient jamais en venir à tuer.

Prendre soin de soi

Les cauchemars se succèdent, mes forces cèdent. Je suis angoissée. Ma thérapeute, qui m'accompagne à distance pendant ce tour du monde, m'annonce que je fais un « stress compassionnel ». À force d'avoir entendu énormément de témoignages de traumas, mon psychisme ne fait plus la distinction entre la vie des autres et ce qui m'appartient. Dans mes horribles rêves, je me retrouve dans toutes les situations : la tueuse, la personne en danger, la terroriste, l'otage, l'exilée qui fuit avec les foules son pays en danger...

Tout y passe. Je traverse une véritable crise de sens. Je suis en pleine détresse face au déchirement de l'humanité. Je m'en prends à Dieu. Je lui demande la raison de tout cela. Pourquoi laisse-t-il un monde avec tant de drames et d'effroi ? Je l'appelle et il ne me répond pas. Je repense à de nombreuses personnes rencontrées qui trouvent dans leur foi la force de lutter.

Comment font-elles? « Un Dieu magicien n'existe pas. Mais un Dieu qui nous veut libres, qui nous aime et nous pousse à aimer, oui » me disait l'un d'entre eux. Je pense intérieurement à la parole de Théo, un ami, qui m'a glissé un jour en souriant : « Après avoir engueulé Dieu, pense à lui laisser l'espace pour qu'il vienne te parler... »

Ces paroles m'interpellent, mais pour le moment je suis dans un tel effroi!... Je ne parviens pas à calmer mon esprit. Suis-je condamnée à vivre dans cet état? Je me demande où est passée ma capacité de résilience. Saurais-je la faire ressurgir, la nourrir? J'ai besoin de prendre soin de moi. En plein vol vers le Népal, où j'ai décidé d'aller me reposer, j'écoute la chanson « La quête » de Jacques Brel, qui prend un sens tout particulier : Peut-être ai-je trop rêvé d'un impossible rêve? Peut-être ai-je trop aimé ces personnes que j'ai rencontrées? Peut-être ai-je cherché à atteindre, jusqu'à m'en écarteler, l'inaccessible étoile? Je repense à tous ces témoignages reçus. À tous ces morts. La vie est tellement injuste, parfois. Il est si rapide de perdre espoir. Les propos de Papou, un ami sénégalais, résonnent en moi : « Nous participons déjà à la destruction du monde quand nous devenons désespérés. » Mais que faire de cette profonde impuissance qui vient me figer? Je prends conscience que je me suis battue contre elle, pendant des années. Je l'ai toujours rejetée. J'ai toujours voulu l'anéantir, l'étouffer, l'annihiler.

Pourtant, cette impuissance est aussi une part de moi. Elle a aussi besoin d'être écoutée. Elle me demande de l'accueillir. De prendre soin d'elle. Et par là, de prendre soin de la tristesse face à tout ce que je ne pourrai jamais changer. Ce chemin me pousse à accepter. Accepter le monde tel qu'il est, et l'aimer. Avec ses parts d'ombre et de lumière. L'aimer non pas de manière résignée, mais enraciner en moi l'espoir qu'il puisse évoluer, avec la conviction que toute crise peut être dépassée. Je songe aux paroles de frère Jean-Pierre : « L'amour vaincra. » En Afrique du Sud, j'ai senti l'amour qui reprenait toute sa place dans mon cœur, à travers la joie profonde du pardon.

Aujourd'hui, je veux le renouveler. Puis m'appuyer sur cette expérience pour lâcher prise à nouveau, ouvrir de nouveaux horizons. Mais je suis tellement fatiguée. Cette épreuve me pousse à me régénérer, à puiser dans mon potentiel et à me reconnecter à la confiance : en mes ressources, en l'autre, en Dieu, en la vie. Au cours de ce grand voyage, je découvre à quel point la vie est fragile et puissante. À quel point ma propre vie est fragile et puissante. Mais à travers cela, je découvre que ma plus grande force est celle d'être, ici et maintenant, en vie.

J'arrive à Katmandou où je passe quelques jours. Après le terrible séisme de 2015, j'avais du mal à me faire une représentation de la ville. Certains monuments sont encore en rénovation. Mais à travers leurs failles, rejaillissent toutes leurs beautés. Je repense à la phrase du scénariste Michel Audiard : « Heureux les fêlés car ils laisseront passer la lumière… » Cette idée m'apporte un souffle nouveau, plein de confiance et de sérénité.

L'atmosphère est calme. De magnifiques pagodes m'ouvrent le chemin. Dans un petit magasin, une femme m'explique le principe des bols tibétains. Elle me pousse à expérimenter leurs différentes sonorités : « Chaque bol vient en résonance à l'un de vos chakras ! » Elle me pousse à choisir le bol qui résonne le plus en moi. Cela m'appelle à être pleinement attentive à mon cœur et à mon corps. Je sens la vibration du son dans mes cellules. C'est incroyable comme sensation. Plus loin, un petit marchand ambulant vend soupes et raviolis aux autochtones. Je m'arrête pour me ravitailler et transforme en siège un petit bidon, à côté d'une table bancale. Les gens me regardent en souriant, pendant que je déguste ce plat délicieux.

Je poursuis ma visite au temple de Swayambhunath. Les singes sautent de branche en branche pour grignoter les miettes des déjeuners. Beaucoup de moines et de moniales bouddhistes déambulent autour du stupa[1], tête rasée, tunique rouge, égrenant

---

1. Structure architecturale bouddhiste.

leur petit chapelet. Ils répètent inlassablement des mantras en passant leurs mains sur les moulins à prières[1]. Je m'arrête au milieu des touristes agités et les contemple, attentive et curieuse. Une vieille moniale attire mon attention. Elle est radieuse. À chaque tour qu'elle termine, elle jette une poignée de riz en l'air puis continue sa prière. Elle rayonne d'une joie déroutante. Je prends plaisir à la regarder. Elle me remarque, me fait un petit signe de la main, et poursuit son recueillement. Le tour suivant, après avoir jeté le riz, elle me regarde à nouveau avec ses yeux ridés pétillants, et incline sa tête en guise de salutation. Elle répète ce rituel un certain nombre de fois, en riant. Sa joie m'enveloppe de tendresse. J'ai tellement de gratitude envers elle… Je reprends mon chemin le cœur léger.

Après quelques jours à découvrir la capitale, je pars direction Pokhara. Là, j'ai réservé une chambre dans une petite maison d'hôte, dans les hauteurs qui surplombent la ville, loin de l'agitation. La vue est imprenable. Le lac scintille au loin. Le hasard veut que, sur la montagne d'en face, se trouve la Pagode de la paix. Cela me fait doucement sourire. Va-t-elle veiller sur moi pour que je puisse retrouver cette paix intérieure? Je me sens encore faible et ébranlée. Cette ville est réputée pour être le départ des treks pour les touristes aventuriers. J'aimerais tellement en réaliser, mais la force physique a quitté mes jambes, mes pieds. Qu'il est bon cependant de retrouver la nature! Je peux enfin respirer à pleins poumons. L'air frais envahit tout mon être. Derrière la maison, la forêt est dense. Je peux écouter le vent qui chante dans les arbres, sentir sur mon visage la pluie des averses denses, et vibrer au concert incroyable des oiseaux célébrant chaque matin le soleil qui renaît. Je crois que je n'ai jamais entendu une telle symphonie! L'un d'entre eux viendra même, tous les matins, tapoter à la vitre en battant des ailes,

---

1. Le moulin à prières traditionnel est constitué d'un cylindre rotatif où sont gravés des mantras. Les pèlerins le font tourner en passant leurs mains dessus en priant.

comme pour me saluer ! Peut-être m'invite-t-il à cette même célébration ?...

J'adopte un rythme doux, lent et léger. Par chance, je rencontre Lily, une jeune Anglaise de 20 ans, qui déborde d'entrain et de dynamisme ! Nous sympathisons et parlons énormément. Nous nous confions nos vies, nos joies et nos peines. Alors que les doutes profonds sur mon projet persistent, je reçois par Yohann et un ami réunionnais deux liens pour m'inscrire à des diplômes autour de la paix. Je partage ces drôles d'opportunités à Lily, qui m'encourage à tout faire pour postuler. Je me décide donc, un peu incrédule, à préparer ces candidatures. Elle passe des heures à mes côtés pour m'aider à remplir en anglais l'un des dossiers.

Passant une grande partie de mes journées dans ma chambre, Lily me propose de l'accompagner se balader. Nous commençons par un espace inexploré non loin de la maison. Lily me prête ses crayons et ses pinceaux pour que je m'essaie à peindre et à dessiner. Craintive et curieuse comme un renardeau qui sort de son terrier, je me laisse progressivement apprivoiser et entraîner par l'élan de vie de Lily, qui a même changé son programme pour rester quelques jours de plus ici !

Aujourd'hui, c'est la grande sortie ! C'est mon anniversaire et nous avons décidé de nous faire plaisir. Vu mon état de fatigue, je ne peux toujours pas faire de trek. Mais nous décidons de partir en bus, au pied des pistes, « juste pour voir ». Voir là où beaucoup s'aventurent dans l'immensité de la vie. Là où tout commence. Là où, derrière cette montagne, se cachent des paysages immenses. À cette vue, mon cœur se serre : je ne peux pas, moi aussi, partir. Mais, pour le moment, mon plus grand trek, c'est de me relever de cet état dans lequel je suis engluée.

Après avoir fait escale dans un monastère bouddhiste, nous revenons au centre-ville de Pokhara. Lily m'entraîne dans une séance de « bols sacrés ». Allongés sur le sol, nous nous laissons guider par une méditation. Un Népalais chante d'une voix suave et douce. Deux ou trois personnes accompagnent la cérémonie avec des bols tibétains. Pendant que nous nous laissons embarquer dans une sorte de voyage intérieur, je sens mon ventre travailler, mes émotions s'éveiller. Beaucoup de flashs, d'images violentes et douces s'entremêlent. C'est inconfortable et bon à la fois. J'ai l'impression de m'offrir un cadeau déroutant : j'ouvre les verrous de mon cœur pour, comme un oiseau, prendre de la hauteur et découvrir l'étendue de mon paysage intérieur. Je perçois ma cascade de larmes qui n'est toujours pas tarie depuis que je suis arrivée ici. Et à la fois, j'aperçois des plaines légères et ensoleillées. Qu'il est long ce chemin pour prendre soin de soi.

Cela nous a ouvert l'appétit. Aujourd'hui, j'ai besoin de me reconnecter à mes racines. Nous nous dirigeons dans un petit restaurant français ! Je ne pensais pas que la vue d'un sandwich généreux sur une simple assiette pouvait un jour me procurer autant de joie. J'amène le pain délicatement à mes lèvres, je croque et l'écoute croustiller dans ma bouche, je savoure le semblant de comté qui a été glissé. Le jus de tomate offre sa fraîcheur à mon palais, le jambon explose de saveur, et la mayonnaise baigne le tout de douceur. Je termine par une crêpe au chocolat... Le comble du plaisir gustatif simple et parfait. Mes papilles sont les élues de la fête. Que c'est bon... Que c'est bon, les simples choses de mon pays, de ma maison ! Je prends conscience, à ce moment-là, que ma famille et mes amis me manquent. Pourtant, je me sens reliée à chacun d'entre eux. L'amour et l'amitié sont si précieux. Pour me réconforter, je réactive un petit rituel : j'imagine tous les visages de ceux que j'aime, les uns après les autres, en plein fou rire... Cela me donne toujours systématiquement le sourire ! Pour clore cette magnifique journée, nous avons loué un petit bateau pour traverser le lac. La Pagode de la paix fait une révérence aux montagnes d'en face, majestueuses et enneigées. C'est splendide. Je les contemple longuement... C'est décidé. Demain, j'essaierai de randonner.

Il est tôt. Il fait encore nuit. Munie de mes baskets, d'un petit sac à dos et d'une gourde, je m'éclipse sans faire de bruit. À la lumière de ma lampe frontale, j'emprunte le petit chemin de montagne, derrière la maison. Pour avoir erré par ici quelques jours plus tôt, je sais le reconnaître. C'est parti. Je grimpe. Je marche. Tout doucement, en prenant mon temps, en respirant profondément, mais je marche. Je veux y aller. Certains petits cailloux roulent sous mes pieds. Les insectes vrombissent dans l'obscurité. L'air est frais, le vent fait chanter les arbres. Je grimpe. Je surveille l'heure, il faut peut-être accélérer. Mon corps met du temps à se dérouiller. Je l'encourage mentalement. Il m'a toujours portée. Mon cœur tout excité donne de l'élan à cette aventure. Je veux y arriver. Je transpire, je souffle fort. Je m'arrête, je bois, je reprends. Je sors de la forêt tropicale pour arriver dans un endroit plus épuré. Quelques maisons en pierre, ici et là. Je croise un vieux couple de Népalais dont les visages, comme un livre ouvert, racontent l'histoire de leur vie. Quelques écoliers, habillés en uniforme bleu, petit cartable sur le dos, se préparent pour partir à l'école. Je poursuis mon chemin. Je suis essoufflée mais j'accélère le pas.

Les étoiles me font un dernier clin d'œil et me hissent, comme avec des fils magiques, jusqu'au sommet. Alors que la lueur du jour timidement apparaît, je contemple les yeux pleins d'émotion ce spectacle. Pendant que le soleil inonde de lumière l'immensité de l'Himalaya, c'est l'espérance qui puissamment se révèle à nouveau en moi.

Tout est relié

C'est un lever de soleil dans tout mon être. Mes cellules retrouvent progressivement leur vitalité et, comme les oiseaux qui me réveillaient le matin, la symphonie de la vie commence une nouvelle mélodie à l'intérieur de moi. Ce temps de pause au Népal a été précieux. Comme la terre a parfois besoin d'être laissée en jachère, il est important de savoir s'arrêter pour se régénérer, ancrer dans toutes nos cellules les moments intenses de nos vies. Après un passage dans les profondeurs de la terre, mon énergie est comme un ruisseau fragile qui reprend de la vivacité et retourne à la lumière.

Je reviens à nouveau en Inde poursuivre la route que j'ai interrompue pour prendre soin de moi. Je suis sur un autre versant de l'Himalaya. Quel que soit le regard que l'on porte sur les sommets, la vue et les chemins sont tout aussi beaux. Il y a tant de manières différentes de contempler et de parvenir aux cimes. Je suis à Dharamsala, lieu de résidence du dalaï-lama et de tant d'autres réfugiés tibétains[1]. J'aurais aimé rencontrer ce dernier, mais ce ne sera pas possible.

Le souvenir de ma rencontre avec Dédé, lors de mes campements, me rappelle que l'on cherche parfois la sagesse dans un lieu particulier, chez une personne précise, alors que des inconnus que nous côtoyons, remplis de trésors insoupçonnés, offrent, si l'on sait les écouter, une grande leçon de vie. C'est ce que je m'apprêtais à vivre, en rencontrant par hasard Jinpa, fondateur d'une association promouvant la paix et l'indépendance du Tibet. Dans son petit bureau, offrant une vue magnifique sur les montagnes, il accepte un rendez-vous improvisé alors que le logo de cette organisation m'a encouragée à pousser la porte spontanément. Jinpa a connu l'exil quand il était enfant. Comme beaucoup, il a traversé l'Himalaya durant de longs mois éprouvants pour fuir l'oppression. Cela me fait penser à Tashi que j'ai rencontré hier, qui m'a raconté qu'il avait été amputé des pieds après cette traversée, à l'âge de 9 ans.

---

1. « En 1959, environ 90 000 Tibétains se sont exilés du Tibet pour échapper aux persécutions religieuses et politiques liées à l'occupation chinoise du Tibet. Quand le quatorzième dalaï-lama, Tenzin Gyatso, quitta le Tibet en 1960, le Premier ministre indien, Jawaharlal Nehru, l'autorisa avec ses proches à établir un gouvernement tibétain en exil à Dharamsala. Depuis, plusieurs milliers de réfugiés tibétains se sont établis dans la ville » (voir Wikipédia).

Je questionne Jinpa sur son regard sur le monde. Assis confortablement dans son fauteuil, serein, il me répond avec un petit sourire au coin des lèvres : « Je crois que nous avons beaucoup de défis à réaliser, mais j'ai confiance. J'ai beaucoup d'espérance. » Je suis surprise par ses propos alors qu'il vient de me dévoiler l'histoire tragique des réfugiés tibétains. Il me répond : « Ce qui s'est passé pour nous est dramatique en effet. Toutefois, dans de nombreuses parties du monde, les choses se passent relativement bien. Le problème, aujourd'hui, c'est que les gens ont l'impression que le monde va très mal quand ils regardent et écoutent les médias. Mais avant aussi, il y avait des drames, des guerres, beaucoup de haine. Aujourd'hui, tout est comme révélé par une loupe géante. Nous avons l'impression que c'est la seule réalité ! » Son interpellation m'évoque des études surprenantes[1] qui expliquent que le monde connaît moins de violence aujourd'hui : il y a moins de guerres, moins de châtiments corporels, moins de mortalité infantile, moins de personnes analphabètes, moins de pauvreté, même si ce n'est pas du tout l'impression que l'on peut en avoir. L'idée n'est pas de tomber dans une idéalisation du monde, ni de nier les problèmes réels et graves auxquels nous sommes confrontés, mais de garder dans notre regard davantage d'optimisme et d'élan.

Jinpa affirme : « Selon moi, il n'y a jamais eu autant de personnes engagées pour défendre de grandes causes, ou de personnes effectuant un travail sur eux-mêmes pour se nettoyer intérieurement, développer leur paix intérieure pour la faire rayonner. Je pense à la méditation, au yoga, ou à toutes sortes de thérapies personnelles. » Je suis songeuse en l'écoutant. Cela fait du bien de se décentrer de ce prisme de l'accablement et du pessimisme. Il réitère son affirmation : « Nous traversons des crises mais j'ai beaucoup de confiance en l'avenir ! » Je le regarde, pensive. Nous imaginons souvent le monde à partir de notre histoire, de notre

---

1. Pierre Haski, « Scoop : la planète va mal, mais le monde va mieux », France Inter, 9 octobre 2018.

contexte culturel, historique et de nos perceptions. Cela fait du bien de se décentrer de ce prisme de l'accablement et du pessimisme pour prendre un peu de hauteur…

Jinpa continue : « Le souci, c'est que nous considérons trop souvent le monde comme un ensemble d'entités scindées, alors qu'au fond, tout est relié. Tous nos actes ont un impact sur la Terre. Les Tibétains transmettent cette sagesse de génération en génération : quand j'agis, ce n'est pas seulement pour moi, mais c'est en lien, avec le grand tout. » Voyant mes yeux interrogateurs, il m'explique : « Par exemple, face aux Chinois qui nous ont chassés de notre pays, qui nous ont tués, et qui ont pillé nos contrées, je pourrais vouloir me venger. Mais en me vengeant, je renie et mets un terme à toute la sagesse que mes parents, mes grands-parents et mes ancêtres m'ont transmise. Il y a eu des centaines d'années avant moi pour que j'aie la chance de bénéficier de tout cela ! Et je vais mettre un terme à cet héritage par facilité ? Parce que je suis en colère, révolté ? Non, je dois apprendre à me canaliser, à transmettre à mon tour cette sagesse, quoi qu'il arrive, et à envelopper mes ennemis de compassion. Surtout quand ce qui arrive est éprouvant. Tout cela est à considérer dans une dimension historique, mais également géographique. Si je vais me venger et tuer à mon tour les Chinois, que vais-je propager ? Si je choisis la violence, j'ouvre aussi une chaîne de haine que je ne pourrai plus contrôler. Tout ce qui est en vie doit être respecté ! La nature, les animaux… mais aussi mes pires ennemis. » Quel regard, quelle conscience ! Sa perception me bouscule et me donne beaucoup à méditer.

Trouver sa place et faire sa part

Après ce séjour déroutant dans les montagnes fraîches de l'Himachal Pradesh, j'arrive à Indore, petite ville du Madhya Pradesh, à la fondation USM (Universal Solidarity Movement) :

Mouvement de solidarité universelle. Trois ans plus tôt, venir ici était un premier pas officiel dans la mise en place de mon projet. Varghese, Ashiko, Neeto, Jacob et Lima[1] sont tous là pour m'accueillir. À l'entrée, une multitude de panneaux décorent les murs. Des photos de personnalités, de Gandhi, d'adhérents à l'association, accompagnées de phrases fortes : « Allume une bougie plutôt que de maudire l'obscurité », « Crois-en toi-même », « Commence maintenant ! »

Je suis agréablement surprise de découvrir mon portrait au milieu de ces panneaux. Je suis en sari, un bindi sur le front, les mains jointes, avec ce mot au-dessus de ma tête : « *Welcome !* » Je fais partie de ceux qui accueillent les visiteurs ! Quel honneur… L'association USM accueille des centaines de jeunes lycéens et leurs professeurs. Ils viennent de nombreuses régions de l'Inde pour suivre une formation. Il leur faut parfois plus de quarante-huit heures de train pour participer à ces sessions. L'objectif ? Proposer aux jeunes une éducation à la paix, en abordant tout au long de la semaine les enjeux de la société indienne, des réflexions ponctuées de reportages et de témoignages de personnes qui ont œuvré en lien avec leurs convictions, et qui ont récolté des fruits. Le but est de les interpeller sur la société qu'ils souhaiteraient voir advenir, et de les amener à prendre conscience que c'est à eux de la construire. Tout au long de la semaine, les étudiants entendent des témoignages d'actions qui ont porté du fruit, visionnent des films, suivent des formations sur des thèmes spécifiques, participent à des groupes de réflexion. Ils doivent présenter devant leurs camarades l'ouvrage d'une personne qui les inspire, rédiger une lettre au rédacteur en chef d'un journal pour donner leur opinion, écrire un discours en imaginant qu'ils deviennent le Premier ministre du pays…

Les jours passent et, aujourd'hui, les jeunes partent en petit groupe dans des bidonvilles. Beaucoup de ces adolescents

---

[1]. Les mots *father* et *sister* désignent des prêtres et religieuses.

viennent de familles aisées. Je les vois observer les lieux. Nous arrivons dans un quartier, ôtons nos chaussures avant d'entrer dans une petite pièce. Là, des enfants nous attendent et nous saluent, dans leur salle de classe dénuée de tables et de chaises, qui comporte comme seul matériel un tableau noir, des tapis, quelques feuilles et des crayons. Leurs visages sont malicieux et rayonnants. Nous nous mélangeons rapidement pour que chacun puisse se rencontrer en binôme ou en trio. Les adolescents, en posant quelques questions aux enfants, prennent rapidement conscience des conditions de vie de ces derniers : souvent, ils doivent travailler afin de ramener quelques pièces d'argent à leurs familles pour survivre. Ils ne vont alors à l'école que le soir, pour étudier. Dans ce même échange, les jeunes comprennent aussi que beaucoup d'entre eux sont musulmans alors qu'eux sont hindouistes. Les relations au sein du pays entre ces deux communautés sont extrêmement dégradées. Au fil des minutes, certains de leurs préjugés commencent à s'effriter. Après ce profond moment de discussion, l'ambiance n'est déjà plus la même dans notre petit camion. Nous nous dirigeons maintenant vers un important centre commercial. La consigne : observer les vitrines, les consommateurs, les magasins, sans rien acheter.

Le soir, pendant le bilan, les réactions fusent : « Dans les bidonvilles, les enfants n'ont rien. Pourtant, ils nous offrent leurs plus beaux sourires. Nous sommes repartis le cœur enjoué, sans avoir vu le temps passer. Au centre commercial, les gens ne sourient pas, ne se regardent pas et sont juste obnubilés à regarder les vitrines pour savoir ce qu'ils vont acheter. » Un autre enchaîne : « J'ai été choqué de voir que, dans les magasins, les lumières éclairent des objets, alors que dans le bidonville, les enfants vivent dans la pénombre car ils n'ont pas accès à l'électricité ! En plus, j'ai vu qu'un seul objet fabriqué par les enfants est vendu au prix de leur salaire pitoyable ! — Moi, j'ai repéré pour la première fois qu'un garde à l'entrée empêchait les pauvres de rentrer... alors que ce sont eux parfois qui ont fabriqué ces produits vendus!» Au fil des constats, certains jeunes dévoilent leurs émotions: révolte, colère, indignation, sidération, tristesse... Certains adolescents fondent en larmes, saisis d'une prise de conscience radicale.

L'idée de la formation est d'accompagner ces jeunes à développer un esprit critique. Les questions de genre, de religion, d'environnement sont abordées. Mais ça ne s'arrête pas là... «Vous n'êtes pas l'avenir de notre pays, vous êtes le présent!» leur dit Varghese. La phrase de Gandhi est reprise de nombreuses fois: «Sois le changement que tu veux voir pour le monde!», suivie de l'indéniable «*Do it now!*», «Fais-le maintenant!» Les jeunes sont alors amenés à s'interroger personnellement et collectivement sur la manière dont ils peuvent agir à leur échelle. «Vous allez maintenant mettre en place un plan d'action individuel et collectif, pour définir les objectifs de ce que vous voulez réaliser, et établir un calendrier prévisionnel.» L'objectif de l'association est de former des «leaderships positifs», avec des jeunes convaincus par la nécessité du changement. Le soir, en réunion, j'interpelle l'équipe: «C'est magnifique tout ce que vous impulsez! Mais êtes-vous sûrs que leurs résolutions et plans d'action ne soient pas seulement de belles paroles, qui retomberont à leur retour dans leur vie quotidienne?» Varghese me répond: «Bien sûr, certains d'entre eux n'iront pas au bout de leur plan d'action. Le plus important est de tout faire pour que la majorité d'entre eux ait ce déclic et qu'ils voient, derrière cela, une nécessité inéluctable pour construire leur société. Certains auront d'incroyables résultats après cela!»

Father Varghese me raconte alors l'histoire de Mira, cette jeune qui décida, en formation à USM, d'agir pour protéger l'environnement. À son retour de formation, Mira a décidé de ramasser les déchets dans son lycée, durant ses temps de pause. D'autres ont été intrigués, interpellés par son initiative et ont décidé de la rejoindre pour lui prêter main-forte. Est ensuite née dans le groupe l'envie d'agir à plus grande échelle. L'un des plus grands pèlerinages hindouistes était organisé dans leurs villes. D'ordinaire, à la fin de cet événement, le sol est jonché de plastiques et de déchets. Mira et son équipe ont demandé aux organisateurs l'autorisation de créer des stands à chaque entrée du site. Ils ont ainsi appelé les pèlerins à s'engager à ne rien jeter par terre durant leurs quelques jours de présence. Ils ont mis en place des poubelles à différents endroits et ont organisé des équipes de ramassage de déchets. Varghese ajoute : « Et tout cela a commencé par une prise de conscience qu'elle a eue ici et quelques ramassages dans un lycée ! Nous voulons susciter en eux le désir d'agir, la conscience et la confiance qu'ils font partie du changement ! »

Je pense à Jinpa, me rappelant que nous faisons partie d'un tout. Notre manière de voir le monde et nos actions sont si importantes. Nous avons parfois l'impression d'être complètement impuissants face aux défis de notre monde, et d'être seuls face à tout ce que nous avons à réaliser. Je ne peux pas être partout. La part de chacun est essentielle. Là où je choisis d'agir, que je le fasse bien et avec le cœur, en ayant la conviction intérieure de participer à l'unité et à la diversité de ce qui se crée. Mon séjour ici m'encourage à prévoir la suite de mon voyage et à élaborer un plan d'action.

Qu'est-ce que la mort, qu'est-ce que la vie ?

Quelques jours plus tard, arrive dans le centre un homme barbu, coiffé d'un grand turban blanc. De belles moustaches suivent l'élan de son beau sourire. Docteur Gurmeet Narang, grand ami de Varghese, est sikh[1]. Intriguée par ce personnage appelé « Gardien de la sagesse » ou « Homme du bonheur[2] », je

---

1. Le sikhisme est une religion dharmique monothéiste fondée en Inde au XVe siècle par le gourou Nanak.
2. Désigné comme le cinquante et unième plus fabuleux leader mondial du bonheur par le Congrès mondial du bonheur.

lui demande un entretien pour en apprendre davantage. Rapidement, je découvre que son chemin est ponctué de drames et de deuils. Sa femme et ses enfants sont morts successivement de maladies ou d'accidents. Pendant une période de dépression profonde, il me confie s'être isolé du monde, jusqu'à la rencontre d'un grand sage, qui l'a épaulé pour se relever. Il a alors commencé un chemin de foi, transformant totalement son regard sur la vie. Les yeux paisibles, il me dit : « Mes proches étaient là sur Terre, mais notre corps n'est qu'une enveloppe physique et éphémère. Au fil du temps, j'ai pris conscience que ma réelle famille était la suivante… » Il feuillette les pages de son livre, pour me lire ce passage issu du « dialogue avec Guru Nanak[1] » : « L'amour réel est mon fils, la patience ma fille, Dieu est mon épouse, le pardon est ma mère, le contentement mon père, la dévotion est ma sœur, la confiance mon oncle, l'humilité mon ami et l'intellect mon disciple. Je dois les considérer comme les membres de ma famille avec qui je dois me conformer[2]. »

En me voyant perplexe, il ajoute : « Tu dois comprendre que même si tu portes la charge de quelqu'un, elle ne t'appartient pas. » Il poursuit à nouveau les pages de son livre, pour s'arrêter à cet extrait : « Ce monde est comme le perchoir de l'oiseau dans l'arbre. Pourquoi verses-tu des larmes sur la mort des autres, quand tu n'es toi-même pas permanent ? N'importe qui qui est né doit mourir : pourquoi dois-tu pleurer ce chagrin ? Tu dois te remettre à celui de qui tu viens. Sois dans son essence et rappelle-toi l'attache avec lui seulement. Ne sois attaché à personne d'autre. »

Je reste silencieuse. J'ai beaucoup de difficultés à comprendre et à adhérer à sa vision. L'idée de perdre mes proches est pour

---

[1]. Mystique et poète indien, maître fondateur et premier des dix gurus du sikhisme.
[2]. Voir Gurmeet Singh Narang, *My Hapiness*, Tavleen Foundation, Indore (Inde), 2016.

moi très difficile. En préparant mon départ, cette crainte s'est ravivée. En partant, cela mettait en exergue mon impuissance face à ce qui pouvait advenir à ma famille ainsi qu'à mes amis, au cours de l'année. Ce voyage me poussait d'une part à prendre conscience que je n'étais pas indispensable et, d'autre part, à développer ma confiance dans le potentiel de mes proches pour affronter ce qu'ils auraient à traverser. Mon absence m'encourageait également à réinventer ma relation avec eux malgré la distance. Au fil des mois, m'apparaissait comme une évidence que l'on pouvait passer toute une vie aux côtés des siens et rester des étrangers les uns pour les autres. Et inversement être à l'autre bout du monde, et pleinement reliés à eux. Mon voyage me révélait la profondeur de mon amour pour eux et l'envie de leur envoyer une ribambelle d'ondes d'amour, sans même leur signifier.

Le lendemain, alors que tous les étudiants et leurs professeurs sont repartis, l'équipe propose une sortie avant mon départ. Assise à l'arrière d'une voiture spacieuse aux vitres teintées, alors que les conversations s'enchaînent en hindi, mon esprit vagabonde en admirant les chemins. En traversant de multiples villages, je vois de nombreux visages, de nombreuses situations. Des centaines de pèlerins hindous, vêtus en orange, marchent sur des kilomètres, des femmes en saris rient entre amies, des enfants jouent accroupis avant d'aller à l'école, des hommes échangent en revenant des champs… J'ai simultanément l'impression d'être transparente, car personne ne peut me voir, et d'être reliée à ces gens, comme si je pouvais leur envoyer plein d'amour et partager leur vie. Je souris. Si la mort ressemble à cela, au-delà de l'absence de mon corps physique, alors la mort est un paradis…

Le soir, en partageant ma joie à l'équipe de ce trajet parcouru, tout le monde éclate de rire. Je découvre que nous nous sommes trompés de route, et qu'au lieu de prendre la voie rapide, nous nous sommes aventurés dans les chemins de traverse. Encore un sacré clin d'œil: n'est-il pas important, parfois, de sortir des sentiers battus, pour revenir au sens de la vie? Il est temps pour moi de poursuivre ma route vers les Philippines, retrouver cette terre où j'ai travaillé six ans auparavant.

Philippines

Des souvenirs et des retrouvailles

J'arrive dans les rues bondées et bruyantes de Manille. Les petits bus jaunes crachent leurs entrailles dans une fumée noire et klaxonnent de manière incessante. Je monte dans l'un d'entre eux, direction Makati, et me glisse dos courbé entre les passagers qui se font face. Je m'assois entre deux d'entre eux. Les petites pièces de monnaie que je donne circulent de main en main jusqu'au chauffeur, puis reviennent vers moi par le même processus, pour que je récupère la monnaie. Quelle confiance! Comme une petite souris qui connaît par cœur le chemin de ce laborieux labyrinthe, nous nous faufilons de boulevards en ruelles. Des souvenirs me renvoient quelques années en arrière, quand je rentrais d'un lieu sinistre où je travaillais comme éducatrice spécialisée, deux fois par semaine. Ce lieu était officiellement un lieu d'accueil pour les familles et enfants des rues. En réalité, c'était selon moi une prison aux airs de camps de concentration. Là-bas, j'ai appris ce que signifiait «perdre sa dignité». Je repense à Jean-Paul, Sambott et Angelo, ces enfants si fragiles et si forts qui, par leurs regards et leurs gestes, m'ont retourné le cœur. Les immeubles défilent au rythme des souvenirs. «*Para po*[1]!» À mes mots, le chauffeur s'arrête. Je descends. Je suis sur la petite place où fast-foods et malbouffes compétitionnent, entre quelques banques prétentieuses qui les narguent. De-ci de-là, quelques cartons et

---

1. «Arrêtez-vous ici, monsieur» en tagalog.

couvertures abîmées dessinent les lits de fortune de familles qui, la nuit, les unes à côté des autres au milieu des rats, viendront s'allonger. Je monte dans un tricycle et indique : « *Masaya Home.* » Avec mes cheveux dans le vent, je savoure ce petit air de liberté. Je remercie le chauffeur : « *Salamat po*[1] *!* »

Le foyer a changé d'adresse. Je sonne. Nanay Estela, Papa Jess et Tita Alma m'accueillent, surpris et ravis ! Je n'avais pas précisé le jour de mon arrivée. Ils n'ont pas changé ! Ils me présentent les locaux vétustes mais bien entretenus dans lesquels ils ont emménagé. Quelques minutes plus tard, j'entends les clés de la grille et des cris. Carla a vu mes affaires dans l'entrée. Elle arrive en courant et nous nous prenons dans les bras. Nous pleurons de joie. Quel bonheur de retrouver mes collègues ! Trente ans auparavant, un Français, Dominique Lemay, a choisi de vivre aux Philippines ; il a fondé Virlanie afin de « redonner le sourire aux enfants des rues ». Depuis sa création, des dizaines de foyers ont vu le jour pour les accueillir. La magie s'opère durant ces retrouvailles et nous reprenons nos habitudes comme si je n'étais jamais partie. L'équipe me donne des nouvelles des enfants que j'ai connus. Ils ont eu des parcours divers : certains sont retournés dans leurs familles, d'autres ont poursuivi leurs études ou ont été adoptés, partout dans le monde. Hélas, quelques-uns ont mal tourné. Les enfants accueillis aujourd'hui au foyer rentrent de l'école. Papay Jess, qui n'aime pas trop montrer ses émotions, propose de le faire en chantant. Il prépare le karaoké. Les enfants courent s'asseoir devant un écran, d'autres branchent les micros, d'autres encore sortent le répertoire de chants. Une voix de femme annonce en anglais, d'une voix hachée : « 0.0.5.5.6.7.1 » *Bakit pa !* C'est ma chanson préférée, j'ai appris à la chanter en tagalog ! Quel plaisir de la chanter à nouveau ! Les chansons s'enchaînent et Papay Jess, d'une voix grave et sensible, nous berce de sa mélancolie. Les enfants prennent parfois le deuxième micro

---

1. « Merci monsieur » en tagalog.

pour chanter avec lui. La voix d'une fillette nommée Lucia m'impressionne...

Nous partageons ensuite le repas composé de riz et de poisson. Je me souviens avoir été écœurée par cette nourriture que je mangeais si souvent avec eux, parfois même au petit-déjeuner... Je dois les quitter pour la nuit. Papay Jess me conduit à l'auberge que j'ai réservée. Pour la première fois de mon périple, je suis face à une réservation fantôme... Pas d'auberge. Dois-je dire que je suis revenue au foyer avec un grand sourire aux lèvres? Les filles et les éducatrices m'ont fait une petite place auprès d'elles, dans une chambre étroite. Entre matelas au sol et lits à étage, les ventilateurs rythmaient, en m'endormant, la mélodie du bonheur...

L'amour inconditionnel

Après quelques jours à leurs côtés, je crée des liens avec les enfants et une confiance s'instaure entre nous. Pour nourrir ma récolte de témoignages, quelques volontaires acceptent de répondre à mes questions sur la paix. Lucia, qui m'avait impressionnée par sa voix, est là. Je sais qu'elle est au foyer, ici avec sa sœur, car leur maman les exploitait pour de la prostitution.

Je l'interroge :

— Lucia, peux-tu me dire ce qu'est la paix, pour toi?

— La paix, c'est quand on est calme à l'intérieur de soi et que l'on a appris à se contrôler.

— Et que fais-tu pour la trouver?

— Je respire profondément, pour me calmer. Je dessine aussi. Ou je compte.

— Tu comptes?

— Oui, cela me détend. Et je suis heureuse, car après, je me sens mieux. Et j'ai réussi à ne faire de mal à personne!

— Tu es heureuse parce que tu n'as fait de mal à personne? C'est très touchant d'entendre que cela est important pour toi!

Aurais-tu un conseil à donner aux personnes qui recherchent la paix ?

— Oui, je leur conseille d'être remplis d'amour et d'être heureux, comme ça, ils pourront l'être aussi avec les autres.

— C'est très beau ce que tu dis... Lucia, as-tu un rêve à partager ?

— Oui, mon rêve est de rentrer à la maison et que nous soyons tous ensemble. Je sais que ma maman est très triste. Et je voudrais qu'elle soit en paix, comme moi je suis en paix maintenant. Qu'elle soit heureuse comme moi je suis heureuse.

Les larmes me montent spontanément aux yeux et je tente au mieux de les ravaler. Quel témoignage ! Lucia me regarde, sereine et ancrée. Je me sens comme une élève devant une enfant de 9 ans... En l'écoutant, je pense à la force de tout ce que j'ai reçu sur mon chemin. En quelques phrases, Lucia me résume cela. Elle déborde de résilience, d'altruisme et de pardon. Est-ce cela l'amour inconditionnel ? Je repense au poème de frère Jean-Pierre : « Ceux qui pardonnent arrêtent le mal d'eux-mêmes. » Lucia me pousse à revenir à l'essentiel : se nourrir d'amour et promouvoir l'amour. Malgré tout ce qu'elle a enduré, elle souhaite la paix pour sa maman. Lucia me donne une grande leçon d'humanité. Carla, de son côté, n'a pas réussi, à contenir ses larmes :

— Tu me fais pleurer !

— Oh, Tita ! s'exclame Lucia d'un air désolé. Elle se précipite contre elle pour la consoler.

Je les regarde, le cœur chargé. Au fil des jours, le sourire, la joie et les paroles des enfants viennent ajouter à mon livre de sagesse des leçons de vie. Je découvre qu'elles se trouvent souvent là où on ne les attend pas. Demain, je quitterai ce foyer pour aller retrouver mon amie, Laïla.

Reconnaître sa part de violence

Elle est là qui m'attend. Un sourire gêné au coin des lèvres. Six ans que l'on ne s'est pas vues.

Six ans et neuf mois de captivité plus tard, elle est là. J'ai rencontré Laïla aux Philippines, quand je suis venue travailler pour Virlanie. Peu de temps après mon départ, j'avais reçu un message de l'un de nos amis communs : « Laïla a été kidnappée avec sa cousine. Elle a été prise en otage par un groupe armé terroriste. » J'ai cru au départ à une blague de mauvais goût. Ce genre de situation était réservé aux films. C'était malheureusement une horrible réalité. Aujourd'hui, je retrouve donc Laïla pour la première fois depuis sa captivité, dans un café. À peine arrivée, Laïla lâche : « Oh, Rachel, je suis si heureuse de te retrouver ! En revanche, la djellaba que tu m'avais offerte avant de partir et que j'aimais tellement est restée là-bas ! Je suis désolée… »

J'ai un moment d'arrêt. Je lui avais offert cette djellaba de retour d'un court séjour en Malaisie. Par « là-bas », je comprends qu'elle me parle du lieu de sa captivité. Surprise par cette étrange introduction, je lui réponds :

— Ne t'inquiète pas. Le plus important, Laïla, est que tu sois là maintenant, en sécurité. Tu veux en parler ou tu préfères ne pas revenir sur ce qui s'est passé ?

— Non, il n'y a aucun problème ! Tout le monde me pose des questions à ce sujet, alors je suis habituée !

Elle rit.

Je m'assois face à elle. Laïla, avec ses grands yeux noirs, commence à me raconter les péripéties de sa captivité avec beaucoup de rire et d'humour. Je suis surprise par tant de légèreté et de détachement, puis je mets cela sur le compte des années. Elle a peut-être pris du recul. Elle a peut-être tout « digéré », tout « soigné ». Mais plus les heures passent, plus son visage s'assombrit. Le discours se fait plus lourd. Les souvenirs douloureux ont chassé l'humour. Progressivement Laïla lève le masque. Les confidences se révèlent. Elle me parle alors de toute la complexité d'avoir été otage. Elle me parle des heures sans interruption. Elle me raconte ce qu'elle n'a jamais pu raconter.

Laïla et sa cousine sont musulmanes et elles ont été prises en otage par un groupe armé radical islamiste. Elle me livre sa colère, ses confrontations face à eux. Elle les interpellait :

— Nous prions le même Dieu! Et moi je lui demande de me protéger de vous! Vous trouvez cela normal? Qui est votre Dieu? Quelle est votre foi? Je ne comprends pas!

Je lui demande, surprise :

— Tu n'avais pas peur de les provoquer?

— Rachel, nous étions sûres de mourir et si épuisées par cette situation sous tension que nous étions prêtes à tout pour en finir le plus rapidement possible…

Après un silence, j'ose lui poser la question :

— Laïla, qu'est-ce qui a été le plus douloureux pour toi?

Les yeux pleins d'émotion, Laïla me dit :

— Le plus douloureux, Rachel, c'est d'avoir réalisé que je devenais comme eux.

— Que veux-tu dire?

— J'avais tellement la rage contre ces hommes… La haine sculpte certains visages. J'ai développé comme un sixième sens, devinant, à leur retour de mission, lesquels avaient tué. L'un d'entre eux me répulsait particulièrement. J'étais tellement saturée de son mépris et de son attitude que j'ai moi-même pensé le tuer.

Laïla fond en larmes. Je suis désarçonnée.

— Mais tu ne l'as pas fait, Laïla!

— Oui, mais de le penser, c'est comme si je l'avais réalisé! Quand je me suis demandé pourquoi je le détestais autant, j'ai découvert qu'il transpirait la mort et la haine. Je me suis alors regardée, et cela a été un choc : ce que je voulais tuer en lui, je l'avais développé en moi! Je me suis alors interrogée : comment parler de «nous» contre «eux», de «moi» contre «lui», alors que je lui ressemblais désormais? Jamais je n'aurais cru pouvoir un jour ressentir autant de violences en moi! Alors j'ai pensé: si tu l'élimines, tu auras tué cette personne mais non ce qui te hante et te contamine. La haine continuera de t'envahir et restera à jamais en toi.

Je l'interpelle:

— Mais toi, tu avais des raisons de les haïr et de les détester. Ils t'ont volé ta liberté...

— Et pourquoi mes raisons seraient-elles plus valables que les leurs? Pourquoi cela me donnerait davantage la légitimité de penser à les tuer? Eux aussi peuvent avoir de bonnes raisons de haïr le monde entier.

Un silence pèse entre nous. Laïla me pousse à regarder l'aspect insidieux de la violence. Cela vient faire écho au cauchemar que j'ai pu faire, où moi-même j'en venais à tuer. Regarder cette part obscure de nous peut faire honte, mais il est important de la reconnaître avec humilité. Elle rappelle la fragilité de ce que nous sommes, et ce risque de voir naître en nous, par notre haine ou notre impuissance, le désir de tuer.

— Comment as-tu fait, Laïla, pour sortir de cela?

— Ma foi m'a beaucoup aidée. Ma cousine, qui avait également beaucoup de haine contre cet homme, m'a dit qu'elle priait Dieu pour nous aider à trouver une solution pour le tuer. «Il doit bien être d'accord, compte tenu des horreurs qu'il commet», avait-elle ajouté. Je lui avais rétorqué qu'on ne pouvait pas demander à Dieu d'ôter la vie alors qu'il aimait tous les êtres humains sans exception. Il nous aimait nous, mais il l'aimait lui aussi. Nous avions alors réfléchi à une autre solution. Et puis m'était venue l'idée de demander à Dieu de nous aider à prendre davantage de recul sur cette personne et de nous apporter un peu de légèreté dans cette situation. Avec une grimace et les yeux en l'air, ma cousine avait soupiré en m'invitant à proposer cette prière, si elle m'enchantait. Mais elle émettait des doutes quant au résultat. Quelques jours plus tard, alors que nous étions dans notre hutte, nous avons entendu les hommes discuter entre eux au petit matin. Celui qui nous exaspérait interrogeait les autres : « Vous avez entendu cette nuit le cheval enragé ? Je ne sais pas d'où il venait ! Il a tapé, tapé de tous les côtés de ma hutte ! Il la faisait trembler ! Il était complètement fou ! » Les hommes s'étaient regardés, interloqués. Aucun d'entre eux n'avait eu cette expérience. L'homme en question était dérouté.

Laïla me regarde avec un grand sourire :

— Avec ma cousine, nous avons éclaté de rire ! Dieu avait bien réussi à nous apporter un peu de légèreté, sans avoir à le tuer !

Elle poursuit :

— Au fil des mois, j'ai interpellé ces hommes sur la raison de ce qu'ils faisaient : pourquoi créer un clan, semer la terreur et vouloir tuer ? Petit à petit, j'ai découvert les raisons de leur colère. Après l'indépendance des Philippines, qui a regroupé plus de sept mille îles aux cultures variées, ils ont eu l'impression d'être méprisés, voire rejetés par le gouvernement, de perdre leurs racines et leur identité. La plupart d'entre eux sont des jeunes sans avenir. Leur unique possibilité d'exister consiste à rejoindre ces troupes armées. Un enfant était même présent, auprès de son grand frère, parce qu'il n'avait plus ses parents. Je lui donnais des leçons d'anglais. Un jour, je lui ai demandé quel était son rêve. Il m'a dit : « Manger un milk-shake au chocolat. » C'est ce que lui offrait de temps en temps sa maman. Je me suis attachée à cet enfant et il va devenir un meurtrier. Puis-je avoir de l'affection pour un meurtrier ?

Laïla éclate à nouveau en sanglots.

— La plupart de ces jeunes sont complètement immatures, inconscients et n'ont aucune éducation. Je les ai interpellés en leur disant que s'ils mettaient en place des manières non violentes d'agir pour leurs causes, peut-être que je les soutiendrais. Mais là, j'étais leur victime ! À cause d'eux, ma vie devenait un enfer, elle était déchirée !

J'écoute Laïla, dévastée. J'ai tellement de mal à entendre que les enfants, si jeunes, sont pris à partie dans les conflits !

Comment arrêter ce cercle infernal ? Comment faire en sorte que chacun de nous sur cette planète puisse vivre et découvrir son humanité ? Hésitante, je regarde Laïla et lui demande :

— Laïla... tu sais le projet que je mène maintenant... Ton récit est poignant. M'autorises-tu à le partager ?

— Oui, bien sûr... C'est important de témoigner...

— Quel message voudrais-tu que je transmette ?

Laïla me regarde, les yeux pleins de tristesse et de profondeur. Elle me dit :

— Un jour, le plus âgé d'entre eux est venu me voir pour me dire : « J'espère que Dieu vous rendra au centuple tout ce que l'on vous a volé et, qu'un jour, vous pourrez nous pardonner... » Cela m'a bouleversée. J'ai compris avec le temps que j'ai été leur victime, mais qu'eux aussi étaient les victimes d'un système. C'est le système qu'il faut dénoncer, remettre en question, transformer. Sinon, nous continuerons de lutter contre les symptômes d'un problème sans le comprendre ni le traiter.

Laïla fait une pause. Elle reprend :

— Durant tout le temps de ma captivité, j'avais conscience que je pouvais tomber dans le syndrome de Stockholm, alors je me suis blindée pour me protéger. Mais aujourd'hui, j'analyse tout cela. À qui pourrais-je le raconter autour de moi ? Comment va-t-on me regarder ?

Laïla a fait l'expérience d'être otage. Et c'est elle qui nous interpelle pour oser balbutier : qu'appelle-t-on un « terroriste » ? Elle nous appelle à sortir de l'image « victimes-bourreaux », du piège immense de renvoyer toute la violence à celui qu'on accuse, qu'on dénonce, qu'on diabolise. Et au contraire... de regarder l'origine de la violence. De prendre conscience de sa propre violence, tout en redécouvrant en l'autre sa part sensible et lumineuse. N'est-ce pas cela, l'humanité ?

Brésil

Mon pays d'adoption

Après avoir traversé l'océan, me voilà au Brésil, sur cette terre que j'affectionne tellement. Il était important pour moi de terminer mon voyage ici, en apothéose. Je vis une histoire d'amour avec le Brésil depuis des années. J'ai adopté ce pays avec tout mon cœur. Il me fait vibrer. J'aime l'énergie de mes amis brésiliens, leur optimisme, leur résilience, leur légèreté et leur sérieux. J'aime leur manière de toujours transformer les difficultés en une pensée remplie d'espoir. Leur manière de ne pas tout critiquer mais, au contraire, de valoriser ce qui se fait et ce qui est possible. Leur manière de célébrer et de reconnaître ce qui est beau. Pourtant, comme pour tout pays, tout lieu, toute personne, le Brésil a ses défis et ses contrastes. Et beaucoup de luttes à mener : pour le respect des droits de l'homme, contre les discriminations et les préjugés, pour plus de justice et d'égalité…

Dans les années 1980, Gabriel Maire, un ami de mes parents, s'est lié d'amitié avec Dom Helder Camara, évêque de Recife venu en France à plusieurs reprises. Il a alors décidé de partir comme prêtre *fidei donum*[1], dans l'État de l'Espírito Santo, entre Rio de Janeiro et Salvador, où il a rapidement appris le portugais. Il a atterri à Cariacica, ville appartenant au Grand-Vitória, où une majeure partie de la population se trouve dans une extrême précarité. Il a fait le choix de vivre

---

1. Prêtres mis à la disposition de diocèses dans d'autres pays, notamment en France, en Afrique ou en Amérique latine.

avec les plus pauvres, et parmi eux, les sans-terres. Il est vite devenu Padre Gabriel. Bien enraciné dans sa foi, animé par la «théologie de la libération» et par la pédagogie de Paulo Freire, il a su être à leur écoute. Il a cerné leurs besoins, il les a aidés à se former et à s'organiser : en association ou en communautés ecclésiales de base. Ces groupes se réunissaient pour approfondir leur foi, pour chercher ensemble comment se soutenir dans les difficultés de la vie. Ils ont pris ensemble conscience de leurs droits ainsi que de leurs devoirs.

Cette ouverture des consciences n'a pas été perçue d'un bon œil par certains, qui sentaient leurs privilèges et leur pouvoir menacés. Gabriel, dit Gaby, a été menacé de mort, mais il a décidé de rester. Porté par sa foi, il disait : « Je préfère une mort qui conduit à la Vie qu'une vie qui conduit à la mort. » Le 23 décembre 1989, il est assassiné d'une balle en plein cœur. L'histoire aurait pu s'arrêter là, mais c'est tout le contraire. Sa mort a donné un souffle inespéré et un élan aux Brésiliens. Un proverbe mexicain dit : « Ils ont voulu nous enterrer. Ils ne savaient pas que nous étions des graines. » La mort de Gaby a bousculé le peuple qu'il avait accompagné ! Pour maintenir sa mémoire vivante, pour poursuivre le combat, chacun a vu son potentiel éclater et davantage se révéler. Des groupes de jeunes[1], de femmes, de travailleurs se sont renforcés, pour poursuivre des actions impulsées par Gaby[2]. Aujourd'hui, un quartier de Cariacica, des centres socio-médicaux, des foyers, des rues et des écoles portent son nom. De nombreux enfants ont également hérité du prénom « Gabriel ».

Et moi, dans tout cela ? Moi qui n'avais que trois ans lorsque Gaby a été assassiné, comment sa vie a-t-elle bien pu

---

1. Par exemple, des groupes de Jeunesse ouvrière chrétienne portent ce message : « Un seul jeune travailleur vaut plus que tout l'or du monde. »
2. Certains ont créé par exemple le Mouvement populaire des citoyens du monde que Gaby avait initié en France. Ces jeunes se sont ensuite rendus au Forum social de Porto Alegre pour représenter ce mouvement.

m'influencer ? Quand Gaby venait en France, il était souvent accompagné de Brésiliens, à qui il demandait de venir témoigner de leur engagement social. C'est ainsi que dès ma prime enfance, j'ai rencontré Carlita et Roberto. Puis Gaby a été tué. Carlita et Roberto ont continué de venir, pour maintenir entre la France et le Brésil, les ponts dont Gaby avait rêvé. Chaque fois qu'ils sont venus, le lien s'est approfondi. Et je les ai adoptés. Ils sont devenus mes grands-parents brésiliens et moi leur petite-fille française ! Quel bonheur ! Mon rêve avait toujours été de partir les rencontrer, sur leur terre inspirante et chaleureuse. À 20 ans, je prévoyais partir leur faire la surprise ! Mon cœur était en fête ! Jusqu'à cet appel, annonçant le décès de Roberto. Mon grand-père brésilien était mort avant que je ne puisse l'embrasser chez lui. La colère et la tristesse provoquées par ce départ brutal, alors que je m'apprêtais enfin à le retrouver, m'ont dévastée. J'ai renoncé à mon projet.

Quelques mois plus tard, Carlita est revenue en France. Sept années s'étaient écoulées depuis son dernier voyage ici. J'appréhendais de la retrouver. En me voyant, Carlita est venue me prendre dans ses bras : « Notre petite-fille française ! Roberto t'a attendue au Brésil ! Et moi, je t'attends toujours ! » Nous avons pleuré, beaucoup. Je lui ai promis de venir la voir très vite. En juin 2008, je suis partie la retrouver. C'était la première fois que j'arrivais sur cette terre qui allait beaucoup m'apporter. En octobre 2009, je suis revenue pour un stage de cinq mois auprès des enfants des rues, cela m'a permis de participer à la commémoration du vingtième anniversaire de l'assassinat de Gaby. J'ai rencontré les enfants et petits-enfants de Carlita. Je trouvais là ma famille de cœur brésilienne. Les années sont passées et, à plusieurs reprises, j'ai pu revenir au Brésil me ressourcer. Cette terre déborde de joie, de vie et de spontanéité. Je suis portée par cette énergie enivrante chaque fois que j'y pose les pieds.

L'utopie

Des années après, me voici donc à nouveau près de Carlita. Nous nous prenons dans les bras longuement. Les *abraços* brésiliens sont pleins de chaleur et de bonheur. Ce sont des vagues d'amour enveloppantes. Laurence, l'une de mes meilleures amies, est venue me retrouver. Ma maman, Lulu et des amis sont là eux aussi. Ils sont venus commémorer les trente ans de la mort de Gaby. J'ai tellement de gratitude envers lui. Il m'a permis d'adopter une famille brésilienne et de rencontrer beaucoup d'amis; de gagner en confiance pour voyager et de me laisser surprendre par la vie; de prendre conscience de l'importance des ressources personnelles et de celles du collectif pour défendre les droits humains et les protéger.

Nous marchons main dans la main, sur la plage de Camburi, à Vitória, avec Carlita. Au loin, devant un petit café, nous apercevons des *sambistas* (joueur de samba) qui chantent et rient ensemble. Ils partagent tellement de complicité et dégagent une force de vie légère et décapante. Leurs notes dessinent la mélodie qui va venir me toucher en plein cœur. «*Samba da utopia*», «Samba de l'utopie». Cette chanson m'émeut chaque fois que je l'entends! Elle dégage force et résilience, poésie et sagesse. Elle se termine en évoquant le risque de l'arrivée, dans nos pays, de la «tyrannie»: à cela elle propose de crier le mot «utopie». Carlita, en les écoutant, m'informe: «Gaby nous a poussés à croire en l'utopie! Au cours de nos manifestations pour défendre nos droits, nous utilisions souvent un slogan proclamant: "L'utopie d'aujourd'hui sera la réalité de demain!" Tu connais ce poème d'Eduardo Galeano, écrivain uruguayen?» Carlita récite:

> L'utopie est à l'horizon.
> Quand je fais deux pas vers elle,
> elle s'éloigne de deux pas.

> Je fais dix pas
> et elle est dix pas plus loin.
> À quoi sert l'utopie?
> Elle sert à ça, à avancer.

En me montrant du doigt la ligne entre ciel et mer, Carlita ajoute: «C'est exactement cela! C'est comme la ligne d'horizon, tu vois, là-bas. Nous croyons toujours nous approcher d'elle, et pourtant plus on avance, plus on a l'impression de la voir reculer!» Les vagues viennent nous caresser les pieds. «Pour l'utopie, c'est la même chose. On ne peut pas l'atteindre, mais elle nous met en mouvement et nous permet d'aller de l'avant!» Carlita a été pendant de nombreuses années coordinatrice des foyers des enfants des rues de la ville de Vitória. Elle ajoute, la voix pleine d'émotion: «Si je suis venue en France la première fois, c'est grâce à tous ces enfants des rues. Ils m'ont poussée à croire en l'utopie, pour ne pas les laisser dans la situation dans laquelle ils étaient enfermés. Ils m'ont donné l'élan pour témoigner. Ils m'ont portée. Ils m'ont appris à regarder le monde différemment!» Je suis si émue d'écouter Carlita! Nous regardons, heureuses, le soleil qui part éclairer d'autres continents.

Réinventer en couleur son environnement

Ce matin, je me rends avec Leonardo, un ami sociologue, au pied d'un quartier très précaire de la ville. Je fais la connaissance de Fernando, né ici il y a une quarantaine d'années. «*Bom dia! Seja bemvindos!* Bonjour! Soyez les bienvenus!» Habillé en sportif dynamique, il nous accueille avec toute son énergie. Deux autres Brésiliens sont également venus s'inspirer du beau projet qui est ici en train de fleurir. Fernando a choisi d'arrêter sa carrière dans la justice pour s'engager pleinement dans la revalorisation de son quartier.

Ce dernier est souvent médiatisé pour dénoncer la violence des règlements de compte qui ont lieu fréquemment ici, en lien avec les trafics de drogue.

Plutôt que de regarder ces jeunes se détruire et laisser certains médias les stigmatiser, Fernando et une équipe ont décidé d'agir. Comment? En développant un «tourisme local». Fernando nous emmène à l'entrée du quartier: «Sur ce mur, nous avons choisi de peindre des images positives de notre lieu de vie, que personne ne peut voir sans y accéder. Par exemple, nous vivons dans une partie magnifique de la ville. Nous avons une vue superbe sur l'océan, une petite plage tranquille que beaucoup ne connaissent pas.» Fernando nous entraîne: «Avec un jeune artiste d'ici, nous avons développé un projet graphique surprenant. Vous allez voir!» Nous grimpons les ruelles étroites, nous plongeant dans ce quartier sensible. «Il nous a proposé de repeindre toutes les maisons en dessinant le portrait des premiers habitants sur chaque demeure, indiquant leurs noms, leurs fonctions et ce qu'ils ont apporté à la communauté. Il a déjà commencé. Regardez!» Je découvre des visages merveilleusement bien peints et illustrés. Je ressens, dans leurs yeux, des âmes pleines d'humilité et de douceur. «L'idée est de promouvoir une image positive, pour que nos jeunes connaissent leurs racines, aient des modèles d'inspiration, et qu'ils soient fiers également de vivre ici!» Enseignants, ouvriers, sportifs, médecins, personnes engagées dans la justice et la protection des droits humains... et des jeunes qui participent à la rénovation de leurs lieux de vie.

Fernando poursuit: «Nous organisons des visites comme celle que je fais avec vous aujourd'hui pour sensibiliser les habitants de Vitória ou d'ailleurs, pour les inviter à changer leur regard et déconstruire leurs préjugés. Nous allons de maison en maison pour rencontrer des habitants, qui œuvrent humblement à construire leurs vies.» Nous continuons en saluant des gens, ici et là. Fernando poursuit ses explications. Nous arrivons sur la plage, avec vue sur le pont qui relie Vitória à

Vila Velha. En face, se trouve le Convento da Penha (couvent du Rocher), au sommet d'une colline. « Devant cette vue exceptionnelle, nous voudrions développer un petit restaurant pour manger des moquecas!... » J'ai déjà l'eau à la bouche d'imaginer pouvoir venir un jour ici la déguster... Nous remontons par d'autres ruelles, jusqu'au stade du quartier. Des enfants, adolescents et personnes âgées sont rassemblés autour d'enceintes diffusant une musique entraînante. Une kermesse se prépare, grâce à des partenariats créés avec des associations d'éducation populaire.

« Avant toute chose, nous avons commencé notre projet, en réduisant le dépôt d'ordures dans des endroits qui devenaient des décharges à ciel ouvert! Sur ces lieux, nous avons planté des fleurs, et habillé l'espace... » Nous grimpons les interminables escaliers. Fernando reprend : « Il faut dire que le lieu est impossible d'accès pour les camions-poubelles de la ville. L'endroit est trop escarpé, et vous pouvez voir que le quartier compte des centaines de marches qu'il faut tous les jours descendre et monter. Alors, nous avons eu l'idée de créer un grand marathon! Nous repeignons les escaliers pour l'occasion! » Devant nous, des marches multicolores montent comme un arc-en-ciel de maison en maison. « L'idée de la course est d'arriver au sommet en un temps record! Cela permet aux participants, tout en relevant ce défi, de découvrir la réalité des habitants. La prochaine est samedi! Venez si vous pouvez! » Nous arrivons essoufflés au sommet. Sous des airs de sportive aguerrie, je me demande comment mon cœur va réagir si je grimpe ces escaliers en courant! Fernando me rassure immédiatement : « *Calma querida*! Du calme, ma chère! L'important est de participer! » Nous rions. Devant nous s'offre un panorama incroyable. De l'autre côté, l'océan appelle aux rêves de grand large, au gré du vent.

Soudain, mon regard est attiré par une petite cabane légère faite de bois et de cartons. Un jeune adolescent est là et observe la ville avec des jumelles. Fernando le regarde d'un air triste :

— Ce sont les guetteurs. Ils veillent pour signaler aux trafiquants de drogue toute arrivée de la police dans le quartier.

Nous redescendons :

— Comment pouvez-vous faire pour les dissuader de s'investir dans ces réseaux ?

— En leur rappelant que leur destinée sera funeste. L'état de l'Espírito Santo comporte un des plus hauts taux d'adolescents tués dans le pays, à cause de la drogue. Eux voient le profit et l'argent !

Nous arrivons devant l'école :

— Nous allons sensibiliser les enfants avant qu'ils ne soient embrigadés. Nous tentons de leur montrer qu'ils peuvent vivre leur vie autrement.

Le samedi suivant, je suis là, sur la ligne de départ, portée par la foule et l'énergie de ces merveilleux projets. Les joues écarlates, nous nous encourageons mutuellement pour atteindre le sommet. N'est-ce pas cela, « refaire société » ? Atteindre le sommet ensemble ? Ouvrir les portes inconsciemment verrouillées, repenser l'espace, créer du lien et de la proximité ? Les récompenses ont été sculptées dans du bois par des personnes incarcérées. L'une d'entre elles me sera adressée pour avoir été la première étrangère à participer à ce marathon. Je la dédie à tous ceux qui ont initié ce projet. Quel honneur d'avoir pu participer !

La capoeira pour résister à la violence

Quelques jours plus tard, c'est au centre social et culturel d'un quartier où règne également beaucoup de violence que j'ai rendez-vous. Garçons et filles vont et viennent. Ils ont enfilé leur pantalon blanc, noué leur ceinture autour de la taille. C'est l'heure de l'échauffement. Je viens assister au cours de capoeira. Cet art martial afro-brésilien, est née pendant l'esclavage, comme une forme de lutte, de résilience et de résistance sans violence.

André, le professeur, témoigne : « La capoeira n'est pas un sport comme tous les autres. C'est un art de vivre. Elle apprend à se positionner, à attaquer sans blesser, à être actif et réactif. Elle permet de se donner un focus, de travailler énormément, de discipliner son corps et son esprit jusqu'à atteindre ce que l'on veut. Elle aide à se canaliser et développer son potentiel. » Alors que des enfants s'entraînent, leurs aînés viennent les aider. André poursuit : « Nous vivons dans un quartier difficile et beaucoup des jeunes sont désorientés. La plupart ne projettent aucun avenir valorisant et la tentation est grande de s'impliquer dans les trafics de drogue. La capoeira leur donne un repère solide et stable pour extérioriser toute la violence dont ils sont témoins. C'est un lieu d'expression pour qu'ils développent leur résilience et leur confiance en eux. Mon objectif est de sauver le maximum de ces enfants. Si je peux éviter à trois, quatre ou cinq jeunes de s'impliquer dans les trafics de drogue ou dans la violence, c'est déjà ça. Je souffre car ce n'est pas assez. Alors je continue et je persévère. » Je sens beaucoup d'émotion dans la voix d'André. Il me livre avec beaucoup de sensibilité les témoignages de certains jeunes.

« Allez, c'est l'heure de la *roda* [ronde de la capoeira] ! Viens ! Et à la fin de la séance, je te présenterai Geovane, le garçon que tu vois là-bas. Je vais lui demander s'il est d'accord pour te rencontrer. » Nous sortons nous installer sur une petite place. Les jeunes se placent en cercle. Quelques-uns donnent le rythme au son des percussions et tous entonnent d'une voix puissante des chants brésiliens. Deux personnes se saluent pour ouvrir la ronde et commencent « le jeu ». De manière très agile, par de grands mouvements de jambe et des jeux d'esquive, ils se « combattent sans jamais se toucher ». Cela ressemble à une lutte artistique sans contact. Cette agilité, à la fois pleine de fougue et de poésie, est pour moi spectaculaire. Le rythme s'accélère et la concentration est maximale. Le groupe stimule les capoieristes avec fermeté mais aussi avec douceur et bienveillance.

La pluie commence à tomber mais personne ne se laisse perturber. Le chant s'intensifie. Je comprends aux paroles qu'il remercie l'eau et la pluie… Ils persévèrent. Soudain, au loin, des coups de feu éclatent. Certains ont le réflexe de se mettre au sol. Le regard de certains est en une fraction de seconde envahi d'effroi. André fait signe de poursuivre la *roda* et part vérifier. Ce ne sont que des pétards lancés par des enfants. Plus tard, en parlant avec Geovane, je comprends que ces bruits réactivent des traumatismes dans l'esprit des jeunes. À la fin de l'entraînement, ce jeune se confie à moi. Il me parle de sa sœur qui, pour continuer ses études tout en travaillant la journée, avait choisi de suivre des cours du soir dans un autre quartier. Mais elle a été prise pour une espionne par des gangs qui s'affrontaient afin de gagner le marché de la drogue. «Elle a été assassinée» me dit Geovane. Dans ses yeux, je vois de l'émoi, de la résilience et de la dignité. Geovane ajoute: «Avec mon frère, sans André et la capoeira, nous n'aurions eu que la vengeance comme solution. Tout le monde nous a épaulés pour que nous ne tombions pas dans ce cycle infernal. Nous sommes soudés. Nous sommes une famille. La capoeira nous a appris à extérioriser cette violence. Aujourd'hui, nous sommes fiers d'avoir réussi à faire ce choix. Mon frère a trouvé du travail et moi je vais être papa!»

Je prends conscience en l'écoutant de l'importance de la force du groupe. Et celle de créer des espaces qui permettent de développer sa part de résilience et son ancrage. Cela fait partie du travail de prévention. Cela me rappelle l'association Modeste et Innocent que j'ai rencontrée à Butare au Rwanda. L'un des fondateurs, Laurien Ntezimana, proposait chaque semaine à l'équipe des sessions de tai-chi. Après le génocide, en fondant cette association en hommage à ses deux meilleurs amis assassinés, il a affirmé avec conviction l'importance de travailler sur ses émotions, en amont d'un conflit, pour éviter d'en venir au pire. «Dans l'urgence, le corps est dans un tel état de stress et de sidération qu'il est impossible de discerner et de gérer ses réactions. Le temps et la rigueur sont essentiels pour apprendre à rester maître de soi et de ses décisions. Dans le tai-chi, on apprend par exemple à accueillir sa peur, à respirer, pour retrouver son calme intérieur en toute situation. » Arts martiaux, sports, expression graphique… Tous ces moyens sont tellement précieux au long terme pour se connaître et savoir peser les décisions à prendre dans sa vie.

Geovane me raconte qu'il a un jour lui-même été pris pour un trafiquant par un gang important venu mettre l'assaut sur le marché de la drogue, dans son quartier. Ils lui ont tiré dessus. Sur quarante tirs, il a reçu deux balles, une dans chaque jambe. Malgré la douleur, il a couru sans relâche aux urgences et est arrivé en anémie sévère, suite à une importante perte de sang. Deux mois lui ont été nécessaires pour se relever. Perplexe, je le questionne :

— Comment fais-tu pour toujours aller de l'avant ?

— Je veux montrer aux enfants de mon quartier que tous les Noirs ne sont pas des bandits ou des trafiquants de drogue. Nous devons changer cette idée ! Je veux aussi leur prouver que ni notre origine, ni notre couleur de peau, ni notre lieu de vie ne peuvent définir qui l'on veut devenir. Je veux leur prouver qu'il est possible de s'en sortir. Je veux leur montrer qu'ils doivent se battre et garder espoir en la vie. Je veux les encourager à rêver et à réaliser leurs rêves.

Quelques jours plus tard, Lia de Oliveira, jeune femme ayant été victime de violence, m'expliquera son combat pour offrir une alternative aux jeunes, en créant un projet social appelé Projeto Minas de quebrada (Projet des mines cassées). Elle affirme : « Je veux que personne ne vive ce que j'ai vécu. » Transformant son lieu de vie en un lieu d'accueil pour adolescents, à partir d'ateliers de slam ou de poésie, de photographie ou de cuisine, et même encore par la création d'un studio radio, elle les aide à pousser la porte de la résilience à travers la créativité. Je pense à André, Geovane, Lia. Quelle lutte ! Quelle lutte pour être au service de la vie ! Quelles graines semées… Mais comment agir avec ceux qui n'ont trouvé que la violence pour s'en sortir ?

Changer de regard

Je retrouve Fernanda, Kathierline, Joselio et Guilherme, quatre anciens collègues, devenus des amis, à la suite de mon stage ici, il y a une dizaine d'années. Dans ce foyer qui accueillait de jeunes victimes de violence, de négligence, issues parfois des réseaux de la drogue ou de la prostitution, ce n'était pas toujours facile que chacun trouve sa place.

Après la joie immense des retrouvailles, nous évoquons ces souvenirs. Je leur dis mon admiration pour le travail éducatif qu'ils entreprenaient. Loin de la « distance professionnelle » enseignée pendant mes études, j'ai découvert ici une tout autre approche, imprégnée de la culture brésilienne. Les jeunes et l'équipe s'étreignaient parfois à travers les traditionnels *abraços*, le tout dans un profond respect. Bienveillance, chaleur humaine et proximité rythmaient les journées. Pour Noël par exemple, les jeunes pouvaient passer en petits groupes la journée dans les familles des éducateurs. Ces derniers pouvaient aussi venir avec leurs familles fêter Noël au foyer. Cela était possible grâce au projet pédagogique de l'équipe, qui permettait de faire face à des situations difficiles vécues par l'un ou l'autre, et à la ligne éthique de l'institution. L'équipe était nombreuse et soudée, malgré les moments difficiles à gérer. Elle savait trouver des espaces pour faire le point et déposer ses fardeaux. Chacun, jusqu'aux directeurs de l'institution, se sentait concerné par l'avenir des jeunes et était prêt à chercher des réponses adéquates aux diverses situations.

Je leur rappelle un moment qui m'a fortement marquée. « Vous vous souvenez de Flavio ? » Tous sourient. Ce jeune issu des trafics de drogue, en colère permanente, intimidait souvent les autres. Joselio, psychologue de l'institution, avait proposé une réunion avec tous les jeunes pour parler de cette situation. Je me tourne vers lui :

— Tu te souviens ? Tu avais demandé à Flavio d'écouter sans intervenir ceux qui avaient des reproches à lui faire. Il y avait eu un grand silence... Après quelques instants, Sabrina avait commencé à se confier : « Tu nous fais peur. Tu nous provoques tout le temps, tu nous bouscules et tu nous fais mal. C'est énervant à la fin, et usant ! »

— Oui, elle avait été audacieuse ! poursuit Kathierline. Progressivement, toutes les langues s'étaient déliées et chacun avait pu exprimer son ressenti !

— Oui, ajoute Fernanda, je me rappelle être passée à ce moment-là, et Raphaël avait pu dire qu'il ne voulait pas que ses jouets soient cassés !

— Raphaël ! continue Guilherme en riant. Il avait un jour fugué avec l'aide de Sandro. Ils devaient avoir 7 ans. Sandro l'avait accompagné en bus pour aller voir sa maman, parce qu'elle lui manquait ! Ils étaient ensuite revenus au foyer, main dans la main !

Nous rions, émus de nous remémorer tous ces moments. Joselio reprend la conversation :

— Lors de notre partage, la jeune Dana qui était enceinte avait même osé avouer à Flavio : « Quand tu me donnes des coups, j'ai peur pour mon bébé. »

— Oui, je me souviens de tout cela et du silence qui avait suivi ces confidences... Flavio regardait ses pieds, les épaules repliées. En relevant la tête, ses yeux noirs fusillaient le groupe !

— Oui, ce n'était pas facile... ajoute Joselio.

— Mais après ce temps de silence, tu étais intervenu en leur disant qu'après avoir pu exprimer leurs craintes et leurs difficultés, ils pouvaient maintenant partager ce qu'ils appréciaient en Flavio. Un nouveau silence avait suivi !

— Mais il était plus léger, celui-là ! affirme Kathierline. Tous s'étaient regardés, surpris.

— C'est Sabrina, qui avait ouvert à nouveau la discussion, ajoute Joselio.

— Exactement... Elle avait dit: «Moi, j'aime quand je te vois jouer avec les plus petits!» Elle avait ajouté: «J'ai remarqué aussi que tu rendais souvent service aux éducateurs!»

— Et les uns et les autres avaient poursuivi les compliments en partageant leur avis, raconte Fernanda.

J'ajoute:

— Ce qui m'avait vraiment marquée à ce moment-là, c'était de voir Flavio relever ses épaules et s'ouvrir en redressant la tête. Il cachait son sourire dans sa main, mais ses yeux pleins d'étoiles trahissaient la joie qui se révélait en lui!

Tout le monde rit.

— Oui, et la discussion s'était poursuivie pour trouver des compromis de vivre-ensemble avec lui, renchérit Guilherme.

— Les jours suivants, Flavio avait complètement changé d'attitude! Il mettait en exergue tous les compliments qui lui avaient été adressés!

— Ce que j'ai aimé dans l'expérience que j'ai pu vivre à vos côtés, c'est votre manière d'accompagner les jeunes et de les aider à se regarder autrement. Vous leur permettiez de voir leurs fragilités, de développer leur résilience mais aussi de regarder leur beauté et leur potentiel! Les paroles prononcées par Matheus en quittant le foyer, alors que lui-même faisait partie des trafics de drogue, m'avaient bouleversée! Il nous avait dit: «Ici, j'ai trouvé une vraie famille!»

Je pense à une phrase de Paul Baudiquey[1] que Lulu aime beaucoup répéter: «Les vrais regards d'amour sont ceux qui nous espèrent.» Ce travail de médiation est tellement important... Il y a quelques années, je me suis formée avec Dominic Barter, un Anglais installé depuis plus de vingt ans à Rio de Janeiro. Il a instauré un processus appelé «les cercles

---

1. Prêtre qui est connu pour avoir commenté le célèbre tableau de Rembrandt *Le retour du fils prodigue*.

restauratifs », accompagné par des « facilitateurs ». L'idée est de créer un espace sécurisant pour ouvrir un dialogue avec des personnes impliquées directement ou indirectement dans un conflit, afin de trouver une réponse restaurative à ce dernier. Cela peut concerner des difficultés de voisinage, des conflits au sein d'une famille, des tensions au sein d'une communauté, mais cela offre également la possibilité d'ouvrir le dialogue suite à des crimes ou à des délits. C'est ainsi que Dominic Barter a beaucoup travaillé dans les favelas ou les prisons. Par exemple, si une personne s'est fait agresser, elle peut venir au cercle avec son conjoint ou ses enfants pour que l'auteur de l'acte mesure l'impact que la situation a provoqué dans la vie de ces personnes. De même, des amis ou membres de la famille de l'auteur de l'acte peuvent être présents pour donner le regard qu'ils portent sur lui. Le ou les facilitateurs seront là pour s'assurer que la communication et la compréhension entre les individus soient assurées, en posant des questions pour aider les personnes à reformuler ce qu'elles ont entendu. Selon Dominic Barter, nous avons trop souvent tendance à fuir le conflit. Il nous invite à y plonger, pour le traverser.

Je me souviens d'une femme qui avait été agressée. Traumatisée, elle ne pouvait plus passer par la rue où cet événement avait eu lieu, rendant complexe l'organisation de ses déplacements quotidiens. Il lui a été proposé de rencontrer l'agresseur à travers les cercles restauratifs. À la fin du processus, ce dernier a proposé à cette femme d'aller ensemble sur le lieu de l'agression, pour prendre soin de ce que cela réactivait en elle et pour l'aider à ne pas laisser le traumatisme se cristalliser, mais le transcender. Elle a ensuite pu retourner seule dans cette rue. Ce processus est parfois utilisé parallèlement aux procédures judiciaires. Les résultats, après plus de trente années d'expérimentation, montrent que davantage de personnes se disent satisfaites des résultats trouvés à l'issue des cercles restauratifs. Car un jugement pénal conduit à une amende ou une condamnation, sans restaurer la dignité ou l'humanité de chacun.

On frappe à la porte. Deux jeunes, grands et baraqués, entrent avec un grand sourire. Ils me regardent. Ils semblent me connaître. « Tia Raquel, tu ne nous reconnais pas ? » Soudain, l'image de deux bambins surgit dans ma mémoire ! « C'est vous ? Les deux frères du CVII ? Quelle surprise ! » Ils rient de ma réaction. Ils me racontent ce qu'ils font maintenant. Quelques minutes plus tard, un autre jeune entre à nouveau : « Leandro ? Quelle joie ! » Leandro était un garçon de 7 ans avec qui j'ai passé beaucoup de temps. Aveugle, il voulait souvent que je l'accompagne à une animalerie, caresser les animaux. J'étais son guide mais c'est lui qui m'ouvrait le chemin. Il me dit qu'il a poursuivi ses études, qu'il joue du piano et participe à de nombreuses compétitions de sport. Il est tellement plein d'élan et plein d'énergie ! Rien ne peut l'arrêter. Quelle résilience ! Le paradoxe est que Leandro m'aide à oser voir loin, en se donnant les moyens pour croire en son but et poursuivre son chemin.

Résistance et résilience

Ces derniers jours, depuis le Brésil, j'ai commencé ma formation en ligne pour obtenir le diplôme proposé par l'Institut catholique de Paris « Intervention civile de paix » (ICP). Les encouragements de Lily, au Népal, ont porté du fruit. Je commence donc à découvrir cette approche, si peu connue du grand public, qui propose d'intervenir de manière non armée dans des zones en conflit. J'ai l'impression que cette formation me permet de théoriser davantage tout ce que j'ai entendu pendant ce voyage.

En travaillant avec des personnes au niveau local, des militants, des groupes armés, ainsi qu'avec les sphères diplomatiques ou internationales, l'idée est de prévenir ou de faire cesser la violence, de veiller au respect des droits de l'homme, et de créer les conditions d'une issue pacifique d'un conflit armé. L'ICP renforce les capacités des sociétés civiles, en termes de protection et de formation, et travaille également sur la prévention des conflits. Je découvre que des organisations telles que les Brigades internationales de la paix (PBI, Peace Brigades International) ou Non-Violent Peaceforce (NP) œuvrent dans de nombreux pays en s'appuyant sur cette méthode et que, dans l'ombre, cela porte du fruit.

Les luttes contre les discriminations et les violences, la défense des droits humains et le respect de la dignité sont fondamentaux. Au Brésil, des acteurs de terrain œuvrent avec force et persévérance. Moi qui croyais naïvement, lors de mes premiers séjours ici, que ce pays aux mille couleurs était exempt de racisme, je me suis trompée. J'ai découvert une « hiérarchisation » liée à la couleur de peau. Comme en Afrique du Sud, beaucoup de personnes noires avaient des métiers précaires et très peu accédaient à l'université. Certains agissent donc pour faire évoluer les mœurs, comme mon ami Lula Rocha qui, depuis des années, se mobilise pour bousculer les préjugés et faire avancer ces questions sociétales. Ce dernier est investi dans un groupe de la Ligue des droits de l'homme.

Je l'attends sur la place Pereira de Vitória où il doit me retrouver.

— Bonjour, Rachel !
— Verônica, mais que fais-tu là ?
— Et toi ? me demande-t-elle.
— J'ai rendez-vous avec un ami.
— Il ne s'appellerait pas Lula Rocha, par hasard ? Elle rit de plus belle en voyant ma surprise. Nous travaillons dans le même bureau ! Quand j'ai compris que c'est toi qu'il partait chercher, je lui ai proposé de te faire la surprise ! Allez, on y va !

Ça alors ! Verônica est l'avocate qui a succédé à Maître Ewerton pour représenter au procès la famille de Gabriel Maire, suite à son assassinat. Malheureusement, après vingt-huit années de travail acharné, le délai de prescription est arrivé le 18 octobre 2017 et le procès ne peut plus reprendre. L'impunité règne toujours ! Nous rejoignons le bureau et je retrouve Lula. Avec un sourire radieux, il transpire la joie de vivre, l'enthousiasme et l'humilité. Nous rions de cette drôle de situation, qui nous réunit tous les trois!

Dans un bureau chargé de dossiers empilés, nous commençons à parler du travail laborieux qu'ils entreprennent tous deux. Chacun à leur manière, ils œuvrent pour la défense des droits humains, en agissant auprès des pouvoirs publics, en accompagnant les personnes victimes de discrimination, en proposant des actions de mobilisation citoyenne, des conférences et des formations pour sensibiliser la population à leurs causes.

Lula est très engagé pour promouvoir l'égalité et défendre les droits des personnes noires, dans les divers secteurs de la vie sociale et politique. Il me dit: «61 % de la population d'Espírito Santo est noire[1]. Pourtant, cette communauté est sous-représentée dans les espaces de pouvoir et de décision! Cette majorité ne se reflète pas dans les conseils municipaux, ni dans les palais gouvernementaux ou encore dans les sphères supérieures. Nous devons changer cela!»

Lula est investi dans de nombreuses associations. L'une d'entre elles soutient par exemple des étudiants noirs qui souhaitent entrer à l'université. Là, des professionnels de spécialités variées leur donnent des cours bénévolement pour optimiser leurs chances de réussite. Lula poursuit: «Dans les quartiers défavorisés, tant de jeunes Noirs sont assassinés injustement!» Lula mène de nombreuses campagnes à ce sujet pour dénoncer les bavures policière ou l'extrême précarité de la population noire, qui conduit les jeunes à se tourner vers les trafics de drogue. Tout en respectant ses adversaires, Lula est force de proposition pour dénoncer ces abus et ces inégalités. Cela me fait penser à une citation de Jean-Marie Muller à ce sujet: «La non-violence consiste à combattre sans concession l'injustice tout en respectant l'humanité des hommes injustes. Non seulement ce respect de l'adversaire n'affaiblit pas la

---

1. Donnée issue de l'enquête nationale par sondage auprès des ménages menée par l'Institut brésilien de géographie et de statistique (PNAD/IBGE).

résistance, mais elle la renforce. La non-violence exerce une plus grande résistance à la violence en refusant de redoubler la violence. En restant sur le terrain de la justice, elle permet ainsi de concentrer la lutte contre l'injustice[1]. »

Quel combat... Quelle force! Je me souviens, en écoutant Lula, des paroles de l'un de ses amis à son sujet : « Lula nous aide à faire le choix de la lutte, mais en nous apportant de la légèreté même pour les combats les plus durs afin que l'on évite l'épuisement et que nous maintenions la force nécessaire pour avancer. » Cette question de l'épuisement est fréquente dans les réseaux militants. Comment agir et maintenir son énergie dans les luttes, tout en prenant soin de nous, pour pouvoir tenir dans la durée ? Un autre de ses amis avait peut-être donné l'un de ses secret à ce sujet : « Avec Lula, il n'y a pas de problèmes, que des solutions ! » En le regardant, c'est ce que je perçois ! Il dégage tellement un ancrage, une force tranquille et une stabilité inébranlable pour agir.

Verônica, de son côté, travaille sur un programme qui développe les conditions de la protection des témoins de crimes, afin que ces derniers puissent faire leur déposition en toute sécurité. En effet, il leur est souvent dangereux de témoigner. Un couple témoin de l'assassinat de Gaby a par exemple été abattu avec un de leurs enfants... L'une des personnes payées pour assumer le meurtre a également été tuée en sortant de prison. Ces cas ne sont pas des situations à part. Même des avocats reçoivent des menaces de mort. Combien d'autres histoires similaires planent lors de procès en attente de justice ? La corruption et l'injustice provoquent tant de victimes. À la fin de notre rencontre, Lula m'invite à l'une des conférences organisées sur la criminalisation des adolescents noirs. Le samedi suivant, nous avons à nouveau rendez-vous.

Me voilà devant Chez Zilda, un petit café, discret et plein de charme, dans une petite rue pavée de Vitória. Ce bar tient son

---

1. Jean-Marie MULLER, *La violence juste n'existe pas*, op. cit., p. 70.

nom de la patronne, militante engagée dans la lutte contre les discriminations. Bien qu'étant une femme noire, ce qui pouvait être dangereux en travaillant la nuit, elle a fait de cet endroit un lieu très respecté. À l'entrée, une jeune Brésilienne vend des vêtements et des bijoux qu'elle a créés pour promouvoir une image positive des femmes de couleur. Je retrouve Meyrieli, une amie que nous avons en commun avec Lula. Assistante sociale, elle réfléchit également au moyen de prendre place, en tant que femme noire, en politique. Alors que nous commandons des boissons, les gens s'organisent puis disposent des chaises en arc de cercle autour d'une estrade improvisée. Chacun s'assoit avec sa bière ou son verre de guarana[1].

Proposé par l'association Circulo Palmarino, le Dia do Sarau, qui a lieu mensuellement, commence. Ce temps est ouvert pour célébrer la culture afro-brésilienne à partir d'un sujet donné : littérature, cinéma, femmes, éducation, jour de la « conscience noire[2] ». Jeunes et adultes se succèdent pour partager un slam, un poème ou une chanson sur ce thème, afin d'exprimer un avis, une réflexion, ou encore leurs luttes, leurs colères ou leur joie d'être noir dans ce pays. Ces textes sont issus d'un répertoire connu ou sont le fruit de leurs créations personnelles. Tout s'enchaîne à merveille.

Vient alors le temps de rendre hommage à une ou plusieurs figures marquantes de l'histoire afro-brésilienne : écrivains, artistes, professeurs, résistants... Lula et Meyrieli, pour m'aider à comprendre, m'expliquent discrètement ce qu'était le « *quilombo dos palmares* », lieu formé par des personnes qui avaient été réduites à l'esclavage et qui avaient réussi à fuir les usines à sucre, à la fin du XVIe siècle. Ces derniers avaient trouvé refuge

---

1. Boisson énergisante commune au Brésil, élaborée à partir de baies rouges d'Amazonie.
2. Jour férié brésilien (20 novembre) symbole de la résistance à l'oppression, en mémoire de la décapitation d'un des leaders résistants contre l'esclavage : Zumbi dos Palmares.

dans une région montagneuse, offrant les conditions parfaites pour se cacher et résister. Là, ils s'étaient organisés pour survivre et avaient développé une grande solidarité, accueillant ensuite des personnes blanches dans le besoin ou des Indiens. Toute l'assemblée écoute, attentive, et partage ses impressions. En célébrant les vies d'hommes et de femmes noirs souvent oubliés, ils s'inspirent à la fois de leurs luttes, de leur sagesse et de leurs réussites. Malgré les épreuves que ce peuple traverse, cette assemblée célèbre son héritage avec gratitude. En les écoutant, je découvre à quel point résistance et résilience s'entremêlent.

Tatiana Bonfim Sousa[1], une amie de Salvador, me faisait remarquer : « Sais-tu combien de personnes ont été réduites à l'esclavage ? Des millions ! La force de notre culture afro-brésilienne est d'avoir pu honorer tous ceux qui sont morts pour maintenir leurs mémoires vivantes. Par la joie et par la fête, par la capoeira ou la samba, nous avons su transcender ces blessures, en puisant plus profondément la force de la résilience et de la vie. Nous leur devons ce que nous sommes aujourd'hui ! Ils nous inspirent pour réaliser nos nouveaux défis ! »

Sur cette pensée, la musique ouvre la piste aux danseurs. Lula se lève pour esquisser quelques pas de samba. Discrètement, il m'aura permis de m'immerger encore plus intensément au cœur de cette culture brésilienne que j'aime tellement.

Ce que l'on sème nous dépasse

J'ai rejoint les membres de l'association Les amis de Gabriel Maire, dont ma maman et Lulu, mon ami prêtre, font partie. Durant plus de quinze jours, Ailton, Penha, Lourdes, Marlene, Jovanir, Raquel, Darcio, Cleu et d'autres amis nous accompagnent, afin d'aller de maison en maison pour

---

[1]. Bibliothécaire au centre d'études afro-orientales de l'université fédérale de Bahia.

rencontrer des personnes, jeunes et âgées, qui nous relatent comment la présence de Gaby est venue bousculer leurs vies. Carlinda nous raconte : « Un jour, Gaby m'avait demandé de le conduire enregistrer une émission radio. Une fois dans le studio, au moment de s'installer, il m'a dit : "Ce n'est pas moi qui vais parler. C'est toi !" Tu te rends compte ! Je n'avais jamais été mise sur le devant de la scène et là, il me demandait de témoigner des luttes que nous menions, en direct et sans préparation, devant des milliers d'auditeurs ! Gaby avait ce don de nous pousser en avant, pour nous permettre de prendre confiance en nous et d'oser passer à l'action. »

Gaby allait puiser et mettre en valeur le potentiel de chacun. Face à une population parfois analphabète, il encourageait même les adultes à apprendre à lire et à écrire. À partir de cet apprentissage, ces derniers étaient armés pour défendre leurs droits et s'affirmer. Ainsi, Olympia, à 47 ans, est retournée à l'école pour renforcer ses capacités de lecture et de retranscription, afin d'affermir son engagement dans sa communauté et dans les groupes de femmes auxquels elle appartenait. Elle l'a fait en s'occupant de ses sept enfants, et de trois autres qu'elle élevait, tout en veillant sur sa belle-mère malade. Dans son bureau de conseiller municipal, Seu[1] Pedro, plus de 75 ans, nous livre : « Je ne savais pas que les pauvres avaient des droits. Avec Padre Gabriel, j'ai appris à avoir un regard critique. Il m'a ensuite encouragé à m'engager politiquement[2]. » Gaby poussait chacun à être acteur de sa propre vie, tout en ouvrant son regard aux besoins des autres. À son tour, Penha nous confie que Gaby l'avait encouragée à travailler pour soutenir les femmes victimes de violence. Elle était très jeune et ne se sentait pas capable.

---

1. Mot utilisé comme une marque de respect pour les hommes. « Dona » est utilisée pour les femmes.
2. Gaby avait créé des groupes Foi et Politique qui proposaient de réfléchir à la manière de vivre sa foi en société et donc de s'engager en politique au sens premier du terme : au service de la cité.

Lorsque Gaby est mort, son interpellation à son égard lui est revenue à l'esprit et elle a décidé de s'engager dans ce domaine. Aujourd'hui, elle y travaille toujours.

Durant ces quelques jours, nous avons écouté ces témoignages tous aussi forts les uns que les autres. Cela fait trente ans que Gaby est décédé, pourtant, nous voyons toujours cette flamme dans les yeux de tous ceux qui nous parlent de lui, comme cet homme, heureux de nous montrer la croix de Taizé que Gaby lui avait offerte, et qu'il porte toujours depuis. Il nous livre : « Sans Gaby, je ne serais pas l'homme que je suis aujourd'hui. » D'autres ne l'ont pas connu et sont influencés par son exemple, comme Oscarina qui est inspirée pour écrire des poèmes ou des prières qui parlent de lui.

Aujourd'hui, c'est le dernier jour des commémorations en l'honneur de Gaby. Il y a déjà du monde sur cette petite place. Jovanir, Raquel, Penha, Oscarina et Joana sont déjà là. Une fresque a été peinte un an plus tôt, par un artiste brésilien dénommé Luiz Quintanilha. Elle représente cinq visages de personnes assassinées pour leur engagement auprès des plus pauvres : celui de Padre Gabriel est aux côtés de trois Brésiliens de l'État de l'Espírito Santo – le juge Alexandre Martins, l'écologiste Paulo Cesar Vinha, la missionnaire en Amazonie sœur Cleusa – ainsi que de la conseillère municipale Marielle Franco, tuée à Rio de Janeiro début 2018.

Je salue les amis, par-ci par-là. Darcio, Cleunice, Manoel, Lourdes. Claudio, ancien député en fauteuil roulant, est là lui aussi. Il fait partie de ceux qui ont été fortement inspirés par Gaby. Des habitants de nombreux quartiers se joignent à nous. Je regarde tous ces visages et en reconnais beaucoup. Mon cœur est rempli de beaucoup d'émotions : joie, gratitude et tristesse s'entremêlent. Je vais bientôt les quitter. J'arrive au terme de mon grand voyage. Ma gorge est nouée. Sept amis brésiliens viendront en France avec nous pour poursuivre les commémorations. Pour l'heure, je réfrène ma nostalgie pour me concentrer sur le moment que nous allons célébrer. Les musiciens s'installent et le groupe Ecos de Gaby s'active pour que tout soit en ordre. Les personnes se placent en demi-cercle autour de la croix plantée, là où Padre Gabriel a été retrouvé mourant. Des femmes apportent son portrait peint sur une bannière, brodée d'une mosaïque de couleur. L'hommage, plein de symboles, avec des roses rouges et de la lumière, commence. L'idée, au-delà de la mort, est de célébrer la vie. La vie de Gaby, mais la vie de tous ceux qui ont donné la leur pour la justice et les droits humains. Progressivement, je me laisse emporter par l'élan de la foule, qui danse et qui chante. Quelque chose pétille dans nos yeux. Peut-être un élan de vie! Avec tous les amis, nous vivons une réelle explosion de joie!

Je regarde les portraits et repense à tous ces jardiniers de la paix: combien de vies n'ont pas sombré dans la haine, dans la vengeance ou dans le désespoir, grâce à leur vision du monde pleine de sagesse et à leurs actions? Combien de personnes ont ainsi transformé leurs regards, pour le mettre à la couleur de l'espoir? Je regarde la figure de Gaby: savait-il que, trente ans après sa mort, le témoignage de sa vie allait bouleverser la mienne? Avait-il conscience, quand il agissait, des fruits que cela continuerait de donner tant d'années après? Comme lui, avons-nous conscience que nos actes, aujourd'hui, pourraient avoir un impact dans plusieurs décennies? Cela m'interroge: dans chacune de nos vies, quel héritage recevons-nous? Quel est celui que nous voulons donner? Il est question de transmission, mais également de réciprocité. Nous avons tous des richesses à partager et à révéler. Parfois dans des moments insoupçonnés. Je pense à mon ami Dédé. En serais-je ici sans ma rencontre avec lui? En quelles rencontres ai-je envie de croire? Quelle audace ai-je envie d'avoir?

En me représentant tous ces jardiniers de la paix, une phrase de Marc Twain me vient à l'esprit: «Ils ne savaient pas que c'était impossible, alors ils l'ont fait.» Il n'y a pas une seule façon de contribuer à bâtir la paix dans le monde mais autant de manières qu'il existe d'êtres humains. À chacun de se poser la question : qu'est-ce qui m'anime ? qu'est-ce qui me fait vibrer ? comment ai-je envie de faire partie de cette humanité ? Comme eux, ouvrons les chemins de tous les possibles. Osons inventer la rencontre, créer des ponts et, ensemble, les traverser.

Épilogue

La « petite fille Espérance » se met à danser

Nous sommes tous sur ce grand pont. Tous réunis pour une grande fête. Il y a des fanions, des lumières et des lampions. Sur ce pont, solide et fort, dressé et bien ancré, nous les avons tous retrouvés. Toute ma famille, mes amis et ceux qui le désirent se joignent à la fête. Je renouvelle encore à ces jardiniers de la paix ma gratitude et ma joie profonde d'avoir pu les rencontrer. Avec toute mon impuissance, mes paradoxes et ma confiance, je suis là. Avec toutes nos fragilités, nos richesses et nos idées, nous sommes là.

Ils me questionnent sur mes projets. Je suis heureuse de les informer que ma quête autour des processus de paix et de la non-violence se poursuit à travers des engagements divers. Je leur livre aussi mon impression de rentrer d'un triple tour du monde : géographique, intérieur et un troisième pour le transcrire sur papier. Le point final est difficile à poser ! Et puis je leur annonce, avec un sourire, sur la musique de Flavia Coelho qui tendrement m'inspire, que j'ai choisi d'ouvrir mon cœur à Yohann, et qu'ensemble nous avons décidé d'avancer au pas de nos deux ânes ! Nous sommes heureux et nous rions ensemble.

Penha m'avait un jour interpellée : « Plutôt que d'attendre inlassablement l'espérance, agissons pour qu'elle devienne réalité ! » Nous l'avons tous invitée. Dans nos cœurs, la « petite fille Espérance[1] » se met à danser. En la regardant, je pense aux paroles du pape François : « L'espérance est audace ! » écrit-il dans *Fratelli tutti*[2]. Qu'il est bon de la sentir vivre ainsi ! Frère Jean-Pierre ouvre la valse et se met à chanter[3] : « Le grain de blé tombé en terre ne meurt pas, il donne du fruit… » Gloria, William et Noah du Rwanda viennent s'associer à lui. Les petites filles du Kenya commencent une chorégraphie, les sœurs de Dominica leur succèdent. Les enfants d'Offre Joie, ceux des foyers brésiliens et ceux de Virlanie font une farandole et entraînent ma mamie Carlita. André, Geovane et leur équipe ouvrent une ronde de capoeira. L'orchestre de Džemal accorde ses instruments avec la guitare de Raquel et la flûte traversière de Luiz. Les percussions brésiliennes donnent le tempo. Lucia prend le micro pour chanter avec papa Jess, les amis de Vitória et Cariacica. Fatima et Ousmane nous proposent de nous préparer un immense repas. Émile Moatti, Lucien Lazare, René-Samuel Sirat, Alain Michel et Émile Shoufani contemplent la fête. Je prends des nouvelles de chacun.

Ogarit et Walhid continuent de promouvoir la non-violence dans les universités du monde arabe et à rayonner au-delà des frontières. À la suite de la révolution libanaise en 2019, Rita a utilisé les cercles restauratifs et la CNV pour offrir un espace de paroles aux personnes, en écoute empathique. Elle a créé un partenariat avec des étudiants de Bethléem, et accompagné des personnes d'Égypte, de Jordanie, de Syrie ou du Liban à traverser les crises de leurs pays.

Sœur Mariam an Nour, avec ses sœurs et la communauté éducative, continuent d'enseigner la paix et Tamara, en Serbie, de créer des ponts entre des adolescents. Youth Initiative for

---

1. Référence au texte de Charles Péguy que Jean-Marie Muller utilisait parfois.
2. Encyclique du pape François signée le 3 octobre 2020 et publiée le lendemain, jour de la fête de saint François d'Assise. Elle porte « sur la fraternité et l'amitié sociale ».
3. Au moment où j'écris cet épilogue, frère Jean-Pierre est encore en vie.

ÉPILOGUE

Human Rights a décidé de développer de nouveaux programmes dans les établissements scolaires en prévention du fascisme et des extrémismes, en Europe et en Bosnie. L'association Trait d'union de La Réunion vient de sortir un jeu sur la laïcité. Les groupes interreligieux continuent de se rencontrer. Au Brésil, Fernando et Lia ne cessent de créer des projets de prévention dans leurs quartiers.

En Israël, alors qu'un des fils de Roni a décidé d'intégrer l'armée, elle poursuit les mobilisations avec les Women Wage Peace pour faire valoir des accords de paix. Wajeeh continue d'intervenir dans des collèges-lycées. Avec d'autres personnes engagées, ils ont maintenant créé des espaces de dialogue et des séjours pour de jeunes Israéliens et Palestiniens. En hommage aux membres de leurs familles tués, les Cercles de parents ont décidé de planter des oliviers en Cisjordanie et près de Jérusalem, pour créer une forêt de réconciliation et de paix.

Pieter, Ginn, et Brian poursuivent leur sensibilisation autour du pardon. Ela Gandhi continue de transmettre l'héritage reçu de son grand-père. En Bosnie, l'association Alterural, dont fait partie Sejad, a élaboré avec ses partenaires quatre parcours variés pour relier des villages et poursuivre le développement du tourisme solidaire. Elikia cherche toujours son chemin pour apporter sa pierre à l'édifice et aider son peuple congolais. En Afrique du Sud, Ishmaël m'exprime la joie de sa fille, qui a été étudiante à Paris, de pouvoir bientôt lire en français un ouvrage parlant de son papa. Mary Burton émet le souhait que ce livre aidera les personnes victimes de violation de leurs droits à dépasser leurs souffrances, et que ce dernier contribuera à créer plus de justice.

La pandémie de la covid 19 a marqué la plupart des pays, beaucoup d'associations en ont souffert. Au Rwanda, les visites au village de réconciliation reprennent doucement, son école poursuit l'enseignement des piliers de la paix, Blaise et Sandra continuent de témoigner. Varghese et son équipe en Inde ont été malades, ils ont arrêté brutalement leurs activités et tentent de les reprendre progressivement. J'apprends qu'aux Philippines les enfants vont pouvoir retourner à l'école après vingt mois d'interruption. Au Brésil, mes amis poursuivent leurs engagements sociaux. Tatiana travaille à l'université de Bahia. Meyrieli est devenue la première femme noire assesseur d'un conseil municipal, sur la ville de Vitória. Les visioconférences se sont développées dans tous les pays du monde pour se soutenir mutuellement.

Certains me font part aussi de leur vie personnelle : Geovane est aux anges d'être papa. Jean-Damascène, qui m'avait invitée à son mariage juste avant mon départ du Rwanda, me présente ses deux rayonnantes petites demoiselles, Amrita et Pratik leur magnifique bébé. Gloria va se marier et attend un visa, pour rejoindre son futur mari rwandais, aux États-Unis. Elle a aussi adopté une fillette, dont la maman est décédée. « C'est à moi de transmettre ce que j'ai reçu, maintenant ! » me dit-elle en souriant. Mado la regarde sereine en l'écoutant. Dominica, au Kenya, a poursuivi ses études. Elle m'annonce qu'elle va devenir maman. Peut-être échappera-t-elle ainsi à l'excision. Avec l'aide de Stella, elle a déjà négocié auprès de son école pour continuer d'étudier.

Laïla responsabilise les jeunes en leur enseignant l'anglais. En hommage au petit chaton qui lui a donné tant de réconfort et d'amitié durant sa captivité, elle s'est également investie dans une association pour prendre soin des animaux errants et abandonnés. Melhem Khalaf est devenu bâtonnier de l'Ordre des avocats à Beyrouth. Après l'explosion du port de la ville, l'association Offre Joie a mené un travail titanesque avec six mille volontaires pour réhabiliter soixante immeubles détruits. Daoud et Daher me confient que la Tente des Nations a reçu un nouvel ordre de démolition. « L'important est de voir loin, tout en enracinant notre espoir et nos convictions ! Il faut continuer, Rachel ! » m'affirment-ils. Gershon leur proposera-t-il de venir les aider ? Ce dernier me livre qu'il est toujours intrigué par mon projet et souhaite qu'il ait beaucoup de succès !

Serafina, qui a décidé de prononcer ses vœux perpétuels à son retour de Terre sainte, me regarde de son sourire étincelant : elle est venue me voir en France, durant une retraite, et pétille toujours autant de joie. Lily continue sur les routes du monde. Ma mamie Carlita espère venir d'ici quelques mois en France, vivre le séjour qui a été reporté depuis plusieurs mois, suite à la pandémie.

Il manque Lula. Il y a quelques mois, Lula est décédé[1]. Je sens alors une légère brise de vent et cette phrase qui me revient : « Si la mort ressemble à cela, alors… la mort est un paradis. » Je le sais, même si je ne le vois pas, il est là. Pour me le signifier, il me fait un sacré clin d'œil : mon livre sortira la veille du jour anniversaire où il s'en est allé… Son message continuera ainsi à se propager. D'autres poursuivent déjà les combats qu'il a menés. Sa sœur, après sa mort, nous a cependant interpellé : « Combien de Lula Rocha sont encore nécessaires pour construire un monde avec plus de justice et d'égalité ? »

Le vent souffle encore. Dédé, Roberto, mon grand-père brésilien, et Gaby me font sentir qu'ils sont là eux aussi. Christian de Chergé sourit. Frère Jean-Pierre, avec son air malicieux, tire sa révérence et poursuit sa valse, avec ses frères, « larron heureux en paradis[2] ». Jean-Marie Muller, Desmond Tutu et Pierre Rabhi nous saluent aussi. Je les regarde émue et leur redis merci[3]. Ils nous rappellent que la vie est puissante et fragile, qu'il est important de la vivre intensément et d'aimer notre humanité tendrement.

Autour d'eux, tous ensemble, depuis ce grand pont, nous nous rassemblons pour semer. Semer beaucoup d'espoir, semer pour que l'on s'aime. Car il est urgent d'aimer.

---

1. Lula Rocha est décédé subitement le 11 février 2021.
2. Trois jours après l'écriture de cet épilogue, j'apprends le décès de frère Jean-Pierre à Midelt (Maroc), à 97 ans. Il avait donné son accord un mois plus tôt pour que je publie son témoignage. Frère Nuno, qui lui en avait fait la lecture, m'avait signifié que, malgré sa fatigue extrême, il avait souri en entendant le passage concernant la valse. Il s'était alors mis à chanter : « Si le grain de blé tombé en terre meurt, il donne beaucoup de fruit… »
3. Tous trois sont décédés en décembre 2021.

Remerciements

Merci à tous ceux qui, de manière visible ou invisible, m'ont accompagnée pour vivre cette grande aventure.

Merci à tous ceux qui m'ont poussée à croire en ce rêve fou (merci tout particulièrement à Laurence et à Chloé qui m'ont encouragée à passer du rêve à l'action) et à ceux qui ont rendu possible qu'il puisse se concrétiser. Merci à la merveilleuse chaîne humaine qui s'est créée pour m'accueillir d'étape en étape. Merci à mes amies fabuleuses (belle Soph et douce Angel) qui ont été présentes pour m'aider à «atterrir».

Merci à Laetitia, ma thérapeute, pour son précieux accompagnement professionnel au fil des mois, pour m'aider à comprendre le mystère de l'humanité dont je fais partie.

Merci à Michel Cool, Antoine Bellier et aux éditions Salvator pour leur confiance et leur invitation à oser ce projet éditorial.

Merci à tous ceux qui m'ont aidée à traverser des déserts d'écriture, qui ont répondu présents à mes appels afin de m'encourager à puiser toujours plus profondément en moi.

Merci à tous ces «jardiniers de la paix» qui, humbles, confiants et toujours fidèles, ont pris le temps de relire et de corriger les passages qui les concernaient. Merci aux «oui» précieux que j'ai reçus, pour partager certains récits, dont celui qui me concernait.

Merci à mon cher et tendre Yohann qui a pris soin de moi, avec beaucoup de patience au fil de longs mois, pour m'accompagner dans cette gestation d'éléphant. Merci à ma famille et à mes amis d'avoir respecté mon manque de disponibilité pour me permettre de travailler, et de m'avoir toujours signifié leur amour, leur soutien et leur confiance en moi.

Merci à ceux qui se sont mobilisés pour m'aider à «accoucher» de ce livre si important. Un merci tout particulier à Lulu, Rosine, Maryse, Marie-Claude et ma maman. Merci aussi à mon papa, qui a toujours prié pour moi et qui, par sa foi, m'a aidée à renforcer la mienne. Je voudrais en profiter pour dire à mes parents un profond merci de m'avoir donné la vie. Merci aussi à tous ceux que j'ai aimés, qui m'ont inspirée et qui maintenant veillent sur moi.

Merci à toi, lecteur. Ce livre, désormais, vivra aussi à travers toi.

Table

Avant-propos. Une promesse intérieure	11
Prologue. Un grand pont	15

PARTIE 1. AU CŒUR DES CONFLITS, L'AUDACE DE LA RENCONTRE
Bosnie, Serbie, Liban, Israël, Palestine — 17

Bosnie, Serbie — **19**
   L'arrivée de la guerre — 19
   La difficile reconstruction — 23
   Des ponts entre populations et dans le temps — 27
   Le grand départ — 30

Liban — **31**
   Guerres et conflits — 31
   De la sidération à la rencontre — 33
   L'éducation à la paix — 37
   Se former à la non-violence — 42
   Reconstruire ensemble — 48

Israël, Palestine — **53**
   L'arrivée à Jérusalem — 53
   « Addicte à l'espoir » — 57
   Agir ensemble pour des accords de paix — 60
   De l'humour face à l'oppression — 64
   Enraciner l'espoir — 67
   À partir du deuil, défendre la vie et témoigner — 73
   La paix, tout un chemin — 76

PARTIE 2. «LE PARDON, C'EST COMME LE PAPILLON»
Maroc, Kenya, Rwanda, République démocratique du Congo, Afrique du Sud   81

Maroc   83
En route vers Midelt   83
Le pardon et le papillon   85
Un drôle de nettoyage   91
Kenya   95
Chez les Samburu   95
Simplicité, pardon et sagesse   97
Des confidences dans une magnata   101
Rwanda, République démocratique du Congo   105
Presque mariée au Rwanda   105
La radio, support à la réconciliation   107
Une miraculée du génocide   109
Village de réconciliation   113
«Et toi, où en es-tu avec le pardon?»   117
Un pardon intérieur   120
Pardon pour le consentement meurtrier   123
«Il ne faut pas attendre que les orages passent mais apprendre à danser sous la pluie»   129
Afrique du Sud   131
Trop d'oubliés   131
La Commission vérité et réconciliation   134
Freins et atouts pour la réconciliation   137
Le risque de l'idéalisation   141
Ela Gandhi, un héritage à transmettre   143
Pardonner et suivre ses valeurs   147
Faire cesser la violence   148
La pudeur du pardon   151

PARTIE 3. DE LA PEUR À LA PAIX, LE CHOIX DE LA VIE
La Réunion, Inde, Népal, Philippines, Brésil   155

La Réunion   157
«Nous sommes tous les branches d'un même arbre, les vagues d'un même océan»   157
Prières interreligieuses et couples mixtes   159
En sandales au cœur du volcan   165

Inde, Népal   167
La fête des couleurs   167
Dégringolade   168
Dans les ténèbres de la peur   171
Comme un capitaine dans la tempête   173
Cauchemar   173
Prendre soin de soi   175
Tout est relié   181
Trouver sa place et faire sa part   184
Qu'est-ce que la mort, qu'est-ce que la vie ?   188

Philippines   193
Des souvenirs et des retrouvailles   193
L'amour inconditionnel   195
Reconnaître sa part de violence   197

Brésil   203
Mon pays d'adoption   203
L'utopie   206
Réinventer en couleur son environnement   207
La capoeira pour résister à la violence   210
Changer de regard   214
Résistance et résilience   218
Ce que l'on sème nous dépasse   223

Épilogue. La «petite fille Espérance» se met à danser   229
Remerciements   235

CET OUVRAGE A ÉTÉ COMPOSÉ
PAR ATLANT'COMMUNICATION
AU BERNARD (VENDÉE).